그 사람은
당신을 사랑하지 않는다

가까운 사람의 은밀한 심리적 학대에서 벗어나는 법

그 사람은
당신을 사랑하지 않는다

샤논 토마스 지음 · 송지은 옮김

사우

내면의 강인함을
발견하도록 도와주는 책

심리적 학대는 특별한 사람만 겪는 사건이 아니다. 가족, 친구, 커플, 회사 등 다양한 맥락에서 만나는 누군가가 가해자가 될 수 있다. 그러니 우리 중 누구라도 피해자가 될 수 있는 것이다. 더욱이 학대를 예측할 만한 시그널이 없는 상황에서 교묘하게 이루어지는 경우가 많다 보니 학대가 진행되는 동안 피해자는 통제 불가능함과 무력감을 느끼게 된다.

가까운 사람으로부터 지속적이고 반복적으로 가해지는 심리적 학대는 삶을 송두리째 뒤흔드는 위력을 지닌다. 그럼에도 심리적 학대는 잘 드러나지 않는다. 저자의 말대로 "심리적 학대는 멍 자국을 남기지도 않고 뼈가 부러지지도 않기" 때문이다. 게다가 가해자는 상황을 조작하고 책임을 전가하는 데 능수능란하다. 가해자는 멋진 사람으로 자신의 이미지를 연출하는 데 탁월하다. 독이 되는 사람과 관계를 지속하는 동안 생존자는 자신의 판단력을 의심하게 되고 자신을 신뢰하지 못하게 되며 자기비난이라는 함정에 갇히게 된다. 피해자는 학대당하면서도 '내 성격에 문제가 있나?', '내가 조금 더 이해했더라면…' 하는 식으로 자신을 탓하게 된다.

피해자는 혼자서 감당하기에는 버겁다고 느낄 정도로 고통스러워도 주변 사람들에게 상황을 알리는 데 주저한다. 자신이 겪고 있는 고통을 다른 사람들은 이해하지 못할 것이라고 짐작하기 때문이다. 다른 사람들은 아무렇지도 않은데 자신이 너무 예민해서 이렇게 힘들어 하는 게 아닐까 하는 두려움도 작용한다.

큰 용기를 내서 주변에 두려움과 고통을 말해도 믿어주지 않는 경우가 많다. 심리적 학대에 대한 우리 사회의 인식 수준이 낮기 때문이다. 주변 사람들은 오히려 가해자의 행동을 이해하라고 설득하거나 '왜' 그렇게 되었는지, '왜' 좀 더 일찍 관계를 끊어내지 못했는지, '왜' 더 적극적으로 대응하지 못했는지 질문한다. 그런 질문 공세 속에서 피해자는 '내 잘못이구나, 나에게 잘못이 있어 이런 일을 겪는구나'라고 느낀다. 2차 피해를 당하는 것이다.

나는 독이 되는 사람에게 지속적이고 반복적으로 학대를 당한 이들을 상담실에서 많이 만난다. 심리적 학대의 후유증은 심각하다. 우울, 불안, 분노, 수치심과 죄책감, 자존감 저하, 심리적 위축과 회피 증상, 주변 사람들을 믿지 못하거나 타인과의 관계에 대한 부정적 인식 등이 나타난다. 이때 주변에 편견 없는 마음으로 지지와 격려를 보내는 사람이 있다면 회복에 큰 도움이 된다. 하지만 대개의 경우 홀로 문제를 감당하면서 심리적 고립과 단절감을 느끼며 좌절한다.

많은 생존자들이 '어떻게' 망가진 삶을 다시 회복할 수 있는지 묻는다. 학대에서 벗어나 회복하려면 '어떻게' 해야 하는지에 대한 구체적인 방법이 필요하며 실제로 그 방법을 아는 것은 변화에 매우 중요한 역할을 한다. 나는 심리적 학대를 겪는 동안 나타날 수 있는 인지, 정서, 행동의 변화에 대해 상당한 시간을 들여 정성껏 안내한다. 그리고 문제라고 여겨지는 측면에서 벗어날 수 있도록 개입을 한다. 이 과정 동안 생존자는 '이 고통은 내 잘못 때문이야'라는 잘못된 신념을 바꾸고 자기돌봄의 중요성을 인식하게 된다. 잘못된 현실 인식과 삶을 바꿀 수 있는 방법을 연습하면서 상처 난 삶과 마음은 회복에 이르게 된다.

다만 이 모든 과정이 상담 클리닉에서 진행되는 여정이라는 점에 상당한 아쉬움이 있었다. 그러던 차에 이 책을 만나게 되어 너무도 반갑고 감사했다.

저자는 심리치료사로서 다년간 많은 이들의 치유 여정을 함께한 경험과 지식을 바탕으로 심리적 회복을 돕는 명료하고 실제적인 안내를 해준다. 마음의 고통과 치유가 어떻게 일어나는지, 고통스런 경험들이 어떻게 변할 수 있는지, 어떻게 긍정적으로 발전할 수 있는지를 또렷하게 보여준다. 학대로 인해 피폐해진 몸과 마음을 추

스르고 다시 멋진 삶을 살 수 있는 치유의 로드맵이 알차게 이 책에 담겨 있다.

특히 3장에 나오는 '6단계 성찰 노트'는 심리적 학대로부터 상처를 치유하고 심적 고통을 스스로 해결할 수 있는 방법을 구체적으로 제공한다. 마치 심리 클리닉에 앉아 있는 듯한 느낌을 받을 수 있을 정도로 섬세하게 구성되어 있다. 저자가 심리적 학대의 생존자에게 얼마나 따뜻한 애정이 있는지, 얼마나 많은 치유를 이끌었는지를 잘 보여주는 귀한 자료이다. 왜 이렇게 불행하고 힘든지 알 수 없어 답답한 이들에게 자신의 문제를 객관적으로 이해하게 해주고, 무엇부터 어떻게 해나가야 할지 막연한 이들에게 구체적인 방법을 제시한다. 상담실을 찾지 못하는 이들에게 매우 큰 도움이 될 것이다.

이 책에는 저자가 겪은 심리적 학대의 피해 이야기가 나온다. 솔직한 고백과 자기치유의 여정은 생존자들에게는 깊은 공감을, 독자들에게는 학대의 고통에 대한 이해를 넓히는 데 도움이 되리라 본다.

단언컨대 이 책은 삶에서 겪을 수 있는 가장 힘든 순간의 고통과 위기를 다루는 데 필요한 강력한 지침서이자 처방전이 될 것이다. 심리적 학대의 치유에 초점을 둔 경험적이고 체계적인 지침을 마련한 친절한 안내서가 출간되었다는 점에서 저자에게 깊은 감사를 전한다. 이 책이 국내에도 출간되어 얼마나 다행인지 모르겠다.

심리적 학대의 피해자뿐만 아니라 피해자의 가족들, 그리고 치유

전문가들에게도 일독을 권한다.

김 도 연

(심리학 박사, 마인드플니스 심리상담연구소 대표)

심리적 학대는 멍 자국을 남기지 않는다.

뼈가 부러지지도 않는다.

멍 자국과 부러진 뼈는 피해자의 마음속에 남는다.

차례

1장 심리적 학대란 무엇인가

3장   내 **이야기** 쓰기

가까운 사람 때문에
아픈 당신에게

독이 되는 사람들은 가족, 연인, 회사, 종교단체 등 어디에나 있다. 은밀하고 애매한 심리적 학대는 피해자에게 엄청난 충격을 주고 자존감을 산산조각 내며 삶을 송두리째 뒤흔들어 놓는다. 누군가의 악의적인 행위에 압도당한 경험이 있을 것이다. 그렇다면 아마 그 일이 심리적 학대였을 수도 있다. 심리적 학대를 경험한 사람들은 자신에게 무슨 일이 있었던 것인지 명확히 설명하지 못하는 경우가 있다. 당신은 마치 요요처럼 가까이 왔다 멀리 떨어지기를 반복하는 연인과의 관계를 정리하려 애쓰는 중일지도 모르겠다. 가족이나 시댁 식구들이 당신을 희생양으로 만들고 동네북 취급할 수도 있다. 관계에서 기대했던 것을 얻지 못한 상실감에 큰 슬픔을 느끼고 있을지도 모르겠다. 가해자가 상사나 동료일 수도 있다. 이들은 당신을 괴롭히면서 즐거움을 느끼는 듯하다. 어쩌면 종교단체에서 해를 입었을 수도 있다. 경계를 완전히 푼 당신의 등에 계속해서 칼이 꽂힌다. 종교단체에서 일어나는 심리적 학대는 양상이 더 복잡하다. 뒤에서 자세히 살펴볼 것이다.

보이지 않는 학대를 경험한 사람들은 무언가 정상적이지 않다는 걸 느끼고 있다. 어떨 땐 이상한 점이 명확히 보이기도 한다. 하지만 대부분은 마치 뱀처럼 재빠르게 움직이고 매끄럽게 지나가 제대로 모습을 볼 수 없다. 당신이 겪은 피해를 다른 이들에게 설명하려고 시도해보았을 것이다. 그럴 때면 당신은 유난히 애정에 굶주려 있거나 쩨쩨하거나 심지어 피해망상에 빠진 사람처럼 보일 것이다. 가해자의 행위를 묘사하는 구체적인 용어가 없다면, 이런 종류의 학대를 당한 사람들은 어떤 일이 벌어지고 있는지 다른 사람에게 명확하게 설명할 수 없다는 점에 절망한다. 평범한 사람들은 심리적 학대에 대해 알지 못하기 때문에 이런 일이 생긴다. 피해자가 상황을 설명하는 데 필요한 교육을 받지 않는 한 가해자의 계략은 통한다. 가해자는 의도적으로 자신의 행동을 숨긴다. 그러니 누군가 가해자에 대해 불만을 표시해도 호응을 얻지 못한다. 가해자는 오점 하나 없이 깨끗한 모습으로 상황을 모면하고 피해자만 불안정해 보인다. 정말 화가 날 수밖에 없는 상황이지 않은가. 피해자가 자기 자신조차 믿지 못하게 만드니 이보다 더 부당하고 억울한 일이 또 있을까. 피해자의 삶은 폭력적으로 흔들린다. 마치 스노우볼을 흔들었을 때 모든 게 혼란스럽게 소용돌이치듯이 말이다.

교활하게 감추어진
학대

심리적 학대는 왜 보이지 않는 학대라고 불리는 걸까? 가해자의 행동은 지독하고 반복적이며 비밀리에 행해진다. 가해자는 한 명일 수도 있고 여러 명일 수도 있다. 이런 행동은 너무도 잘 포장되어 있어 그 해악이 쉽게 드러나지 않는다. 투명한 독성물질을 물에 넣었을 때와 비슷하다. 장기간 독에 노출되어 몸에서 반응이 일어나기 전까지 어떤 피해가 일어나고 있는지 알지 못하는 것이다. 이것이 바로 심리적 학대를 가하는 사람의 전략이다. 비밀스럽게 숨겨진, 교활하면서 드러나지 않는 학대인 것이다. 관계가 진전됨에 따라 학대도 계속 진행된다. 가해자의 행동이 점차 공공연해지고 어떨 땐 눈에 드러나기도 한다. 이렇게 외적으로 학대의 신호가 드러나게 될 때쯤이면 피해자는 매우 피폐해진 상태다. 이들은 가해자에게 완전히 조종당해 혹시 자신에게 문제가 있는 건 아닌지, 심지어 독이 되는 사람이 자기 자신은 아닌지 의심하게 되는 것이다.

학대 피해자들은 대부분 자기 자신을 바꾸고 싶어서 상담을 받으려고 한다. 이들은 자신이 더 강해진다면 남들이 더 이상 자신을 함부로 대하지 않을 거라 믿는다. 상담에 투자할 의향이 있는 사람들은 자기성찰 능력이 있어서 힘든 과정을 거쳐 자신의 부정적인 행동을 다룰 수 있다. 반면 심리적 학대의 가해자는 다른 사람이 변하길 기대한다. 자신은 결코 달라지지 않을 것이기 때문이다. 사실이다. 그 이유에 대해서는 추후에 설명하기로 한다. 지금은 보이지 않는 학대를 경험한 이들이 모두 자신을 탓하는 시점이 있다는 것을 알아두기 바란다.

피해자가 자책하는 이유는 자신에게 뭔가 문제가 있지 않는 이상 가족이나 연인, 동료에게 또는 종교단체에서 그렇게 험한 일을 당할 리가 없다고 믿기 때문이다. 피해자는 심리적으로 학대를 당하면서 깊은 자기혐오를 경험한다. 가해자가 지어낸 수도 없는 거짓말을 밝혀내는 것이 진실을 알아내는 과정이다.

심리치료사로서 나는 많은 이들의 치유 여정을 함께해왔다. 누군가의 인생에서 환영받는 것은 정말 영광스러운 일이다. 이 책을 통해 심리적 학대에 관한 개념, 회복 과정, 내가 공동으로 수행한 리서치 프로젝트의 정보를 공유할 것이다. 자신의 내밀한 사생활을 나와 공유한 분들을 존중하는 의미에서 실존 인물들의 세세한 이야기는 공개하지 않겠다. 신원 정보를 밝히지 않는다 할지라도 그분들의 이야기를 예로 드는 건 옳지 않다. 지어낸 이야기를 통해 심리적 학대 안에서 나타나는 패턴을 보여줄 생각이다. 자신이 겪고 있는 일과 다른 사람이 겪은 일의 관련성을 알아보는 것은 치유에 많은 도움이 된다. 인간의 가장 기괴한 행동을 목격한 사람은 당신뿐만이 아니다. 이런 사실을 알아두는 것이 중요하다.

심리적 학대와 정서적 학대가 어떻게 다른지 궁금해 하는 이들이 많다. 어쩌면 이 두 가지는 같은 게 아닐까? 내가 볼 때 이 둘은 명백히 형태가 다르다. 나는 정서적인 학대를 가하면서도 타인에 대한 공감은 할 수 있다고 생각한다. 예를 들어, 약물이나 알코올 중독자의 경우 주위 사람들에게 피해를 입히면서도 주위 사람들에 대해 염려를 한다. 그런데도 약물이나 알코올에 몽롱하게 취해 사람들을 괴롭히는 것이다. 중독에서 회복되면 대부분은 자신으로 인한 피해를 진심으로 수습한다. 이에 반해, 심리적 학대의 가해자가 타인에게 해를 입히는 것은 판단력 장애 때문이 아니다. 남을 학대하면서 얻는 통제력을 즐기기 때문이다. 충격적이지 않은가? 이렇게 추악한 인간이 세상에 존재한다는 사실이 믿기지 않을 것이다. 불행하게도 그런 사람은 존재한다. 당신도 이미 알고 있을 것이다. 심리적 학대의 가해자들은 자신의 표적과 게임을 벌이면서 자기가 뭘 하고 있는지 정확히 알고 있다. 이들은 꼭두각시놀이의 달인이 되어 남들이 쩔쩔매는 모습을 보면서 오락하듯 즐긴다. 대놓고 말하지 않는다 해도 가벼운 히죽거림이나 혐오스러운 웃음으로 즐거움이 드러난다.

독이 되는 사람은 어디에나 있다

당신은 어떻게 이 책을 읽게 되었는가? 책의 표지나 제목에 끌려 읽기 시작했을지도 모르겠다. 심리적 학대에서 회복하는 과정에 대해 더 알고 싶을 수도 있다. 어쩌면 모두 다 해당될지도 모르겠다.

보이지 않는 학대에서 회복해야겠다는 마음이 드는 다른 이유가 있을지도 모른다. 너무나 많은 이들이 학대를 받고 삶이 뒤흔들렸다. 독이 되는 인간은 어디에나 있다. 그런데 보이지 않는 학대가 바로 코앞에서 일어나고 있는데도 알아차리지 못하는 사람들이 많다. 가해자일 거라고 절대 의심받지 않는 사람들이 학대를 저지른다. 이렇게 숨겨진 해악이라는 점이 피해자를 더 피폐하게 만드는 것이다. 사람에 따라 고통을 더 잘 참기도 하지만, 모든 피해자들이 깊이 고통 받는다.

많은 피해자가 회복의 1단계(절망)를 통과하지 못할 거라 생각한다. 회복의 초기 단계는 외롭다. 감정적으로 완전히 지쳐버린 것이다. 피해자들은 이때를 기쁨과 에너지가 완전히 말라버린 시기라고 묘사한다. 이 말에 공감할 수 있는가? 생기발랄하고 명석한 당신은 사라진 지 오래다. 어쩌면 어린 시절 당한 학대로 인해 애초에 그런 모습이 없었을지도 모른다. 좋은 느낌은 사라지고 불안감과 계속되는 우울감이 자리 잡고 있다. 정말 가슴 아픈 일이다. 만약 지금 절망적인 상태에 있다면 이 책을 계속 읽어주기 바란다. 심리적 학대 이후에도 삶은 계속된다. 지금으로서는 삶을 지속할 수 없을 것 같다고 느낄 것이다. 살면서 학대받은 적이 있다면 오래전에 사람에 대한 신뢰를 잃어버렸을 것이다. 이해한다. 그렇지만 견뎌보기 바란다. 부디 내 말을 믿어달라. 회복의 마지막 단계에 이르렀을 때 어떤 느낌일지 기대해보자.

이 책을 쓰면서 심리적 학대에 대해 할 말이 너무 많다는 걸 알았다. 보이지 않는 학대를 치유하는 방법에 관한 정보를 찾는 사람이 있다면 가능한 빨리 진실에 다가가는 게 중요하다. 만약 인간관계에서 대체 무슨 일이 일어난 건지 궁금해 이 책을 집어 들었다면 환영인사를 하고 싶다. 지금이야말로 심호흡을 하고 몸의 긴장을 풀 최적의 시기다. 눈물이 나도 괜찮다. 눈물이 난다고 해서 놀랄 것 없다. 남자도 울고 여자도 운다. 다 괜찮다. 나처럼 잘 울지 않는 유형이라 해도 괜찮다. 여기서는 자연스럽게 있어도 좋다. 감정의 소용돌이에 휩쓸려 있다면 치유를 위해 조용한 장소를 찾는 게 정말 중요하다. 이 책이 여러분의 치유 여정에 도움이 되길 바란다.

학대를 알아차리는 것이
치유의 첫걸음

어쩌면 당신 잘못도 있다고 느낄지도 모른다. 치유의 6단계를 거치는 동안 솔직하게 살펴보도록 하겠다. 인간관계는 양측에 책임이 있다고 말할 수도 있다. 하지만 반드시 그렇지만은 않다. 독이 되는 인간과의 관계라면 더욱 그렇지 않다. 관계 속에서 당신이 한 역할을 여러 측면에서 살펴보게 될 것이다. 심리치료사로서 내가 내담자들에게 항상 하는 말이 있다. "발 조심하세요. 제가 곧 밟을 거예요." 상담이라는 것이 질 나쁜 사람이 행한 어처구니없는 짓에 대해 위로하기만 하는 일이 아니기 때문이다. 물론 심리적 학대의 가해자가 얼마나 교만하게 타인을 통제하는지에 대해 이야기하는 시간이 있다. 하지만 어느 시점에 이르면 상처를 치유하고 회복하기 위해 본인이 겪은 혼란스러웠던 일에 대해 이야기를 나누어야 한다. 발을 밟히는 것은 치유의 일부분이다. 그러나 모든 치유 작업은 부드럽게, 내담자를 존중하면서 이루어져야 한다. 이 책을 읽는 당신에게도 이 점을 약속할 수 있다.

내 의도는 내담자들이 상담을 받으면서 겪는 과정을 당신에게 보여주는 것이다. 이것이 독자들과 치유적인 관계를 맺는다는 의미는 아니다. 만약 상담을 받는 게 도움이 될 것 같다면 거주지에서 상담사를 찾기 바란다. 심리적 학대를 전문적으로 다루는 라이프코치도 있다. 심리적 학대를 이해하는 전문가를 만나기가 쉽지는 않기 때문에 적절한 상담사를 찾기 위해 노력해야 한다.

나는 심리적 학대를 경험한 이들의 상담을 전문으로 한다. 수년간 이 일을 하면서 생존자들이 치유 과정에서 거치게 되는 6단계를 발견했다. 학대는 가족 안에서, 연인 관계에서, 친구들 사이에서, 회사에서, 혹은 교회나 성당 같은 종교단체에서도 일어난다. 보이지 않는 학대로부터 회복되는 6단계는 학대가 발생한 장소가 어디든 모든 곳에서 적용된다.

흥미롭게도 심리적 학대에서 치유되는 과정은 학대의 배경과 상관없이 매우 유사하다. 심리적 학대의 가해자들이 공통적으로 갖고 있는 성격적 특징 때문이다. 치유 커뮤니티 사람들은 심리적 학대 가해자용 지침서가 공유되고 있는 것 같다는 서글픈 농담을 자주 한다. 인종, 나이, 성별, 성적 지향, 지역과 언어를 막론하고 대부분의 가해자가 똑같은 학대 행위를 하기 때문이다. 2단계(교육)는 심리적 학대에서 가장 흔히 볼 수 있는 학대 행동을 보여줄 것이다. 심리적 학대의 가장 큰 특징은 교묘해서 보이지 않는다는 점이다. 2단계는 학대 여부를 판별하는 데 도움을 줄 것이다. 치유를 시작하는 사람에게는 자신이 이상한 사람이 아니라는 사실을 깨닫게 해준다. 심리적 학대는 끊임없이 변하는 미로와도 같다. 사람들이 그 패턴을 알아보기 시작하면 가해자는 갑자기 전술을 바꾼다. 진실을 찾는 피해자는 또다시 길을 잃는다. 필요한 교육을 받고 나면 자신감이 상승할 것이다. 좋은 징조다. 심리적 학대가 존재한다는 사실을 인정하는 것 자체가 치유로 나아가는 첫걸음이기 때문이다.

독자들 중에는 몇 년 동안 치유 여정을 걸어온 사람들도 있을 것이다. 어떤 이들은 중간쯤 왔을 것이다. 이런 사람에게는 더 많은 정보가 필요하다. 미친 듯이 몰아치는 파도 한가운데 던져져 나올 곳을 찾지 못하고 있는 사람들도 있을 테다. 이렇게 혼란스러운 상태에서 많은 이들이 물 위로 올라와 숨 쉬기보다 바다 속 깊은 곳으로 허우적대며 내려가고 있을 것이다. 정말 무서운 상황이다. 잘 버텨내기 바란다. 회복의 6단계를 거치면서 삶에 필요한 맑은 공기를 찾을 수 있으면 좋겠다.

가해자에 대한 동정심은
도움이 안 된다

학대당하고 있다는 걸 알아차리는 것은 하나의 과정이다. 심리적인 학대는 멍 자국을 남기지 않는다. 뼈가 부러지지도 않는다. 벽에 구멍이 나지도 않는다. 멍이 들고 부러지고 구멍이 생기는 것은 피해자의 내면이다. 가해자가 바라는 게 바로 이거다. 대외적으로는 좋은 모습을 보이면서 교묘하게 심리적으로 학대한다. 가해자가 어떻게 행동하는지 완전히 이해하면 피해자는 다시 숨을 쉴 수 있게 된다.

교육을 받으면 혼란이 멈출 것이다. 이 말을 듣고 나니 안도가 될 것이다. 지식이 있으면 독이 되는 사람을 만났을 때 실체를 알아보고 그 사람이 보이는 위험 신호를 눈치 챌 수 있다. 정말 알아채기 힘든 신호도 있다. 하지만 치유 경험을 하고 나면 그 신호들이 눈에 들어올 것이다. 걱정 마시라. 은밀한 또는 공격적인 가해자에게 또다시 무방비로 당하지는 않을 테니까. 이런 학대를 또다시 당하기를 원하는 사람은 없다. 학대의 순환은 멈추어야 한다. 회복이 되면 멈출 수 있다.

어쩌다 관계가 엉망이 된 거냐는 내담자의 질문을 매일 듣는다. 자신이 가해자의 표적이 되었음을 알게 되는 순간 이들은 큰 깨달음을 얻는다. 그렇다. 당신은 가해자의 눈에 띄어 선택된 것이다. 이에 대해 앞으로 더 자세히 설명할 예정이다. 심리적 학대의 가해자는 사람들을 속이면서 자신이 무슨 일을 벌이고 있는지 정확히 알고 있다. 실제로 자신이 하는 거짓말과 속임수, 남을 조종하면서 얻는 즐거움에 대해 누구보다 잘 알고 있다. 당신은 이 말에 동의하지 않을 수도 있다. 가해자가 성장 과정이나 생활환경 때문에 그런 사람이 된 게 아닐까 생각할지 모른다. 이 책을 통해 당신의 생각을 바꾸고 싶다. 당신이 갖고 있는 그 시각을 바꿨으면 좋겠다. 가해자가 되는 건 선택의 문제라는 사실을 뼛속 깊이 인식하기 전까지 피해자는 가해자에 대한 동정심을 갖고 있기 때문이다. 그런 정신적 함정은 회복에 아무 도움이 되지 않는다. 의도적으로 내게 해를 끼치는 사람을 보며 안됐다고 느껴서는 안 된다. 만약 그렇다면 가해자의 무거운 족쇄에서 벗어날 수 없다. 동정심은 변명거리를 불러오고 변명은 사람의 마음을 약하게 만든다. 인간이기에 그렇다. 동정심이 양날의 검이 되는 것이다. 학대의 표적이 되는 이들은 공감 능력이 뛰어난 경우가 많다. 민감한 영혼의 소유자인 것이다. 치유 커뮤니티에서는 이들을 민감인이라고 부른다. 민감인은 가해자의 조종과 심리게임, 조롱의 대상이 된다. 2단계(교육)가 치유 과정에서 없어서는 안 되는 이유가 바로 이것이다. 민감인의 부드러움은 계속해서 가해자에게 악용된다.

내면의 강인함을
발견하기를

이 책에는 많은 내용이 담겨 있다. 급한 마음에 책을 빨리 읽어야 겠다는 생각은 하지 않았으면 한다. 책을 천천히 읽으면서 내용을 곱 씹기 바란다. 눈에 띄는 구절이나 문장에 펜으로 줄을 긋는 것도 좋 다. 이렇게 하면 나중에 책을 펼쳐 내게 의미 있었던 부분을 상기해 볼 수 있다. 빨리 읽고 싶다면 일독을 하고, 두 번째 읽을 때는 좀 더 천천히 성찰하는 시간을 갖기 바란다. 책 뒤에 있는 성찰 노트를 통 해 자신의 경험에 대해 생각해보는 것도 도움이 될 것이다. 성찰 노 트는 혼자서 혹은 소규모 그룹에서 작성할 수 있도록 고안되었다.

내용을 얼마나 잘 소화하는지는 당신에게 달렸다. 내용과 소통 할 수 있으면 좋겠다. 읽는 동안 머리에 떠오르는 생각을 메모하라. 당신이랑 맞지 않는 내용이 있으면 내 생각에 동의하지 마시라. 완 벽하게 공감하는 내용을 읽을 땐 "그래 맞아!"라고 큰 소리로 외 쳐라. 읽으면서 적극적인 독자가 되어보는 거다. 소극적으로 내용 을 받아들이지 말라. 심리적 학대를 경험했다면 가해자는 당신에게 소극적인 모습을 요구했을 것이다. 감정적으로 지쳐버려 땅만 보 고 다니고 있는가? 이와 완전히 반대되는 모습으로 사는 것이 회복 이다. 당당히 서서 상대의 눈을 보며 "이건 내 의견이고 당신이 동 의하지 않아도 괜찮다"라고 차분하게 말할 수 있는 힘을 갖는 것이 치유다. 이렇게 강한 모습으로 이 책을 읽기 바란다. 내면의 강인함을 발견했으면 좋겠다. 강인한 사람은 가해자에게 도전적인 존재가 된다. 이것이 바로 내 목표다. 이 책을 읽는 사람 누구든 가해자가 될 만한 사람에게 골칫거리가 되기를 바란다.

앞에서 언급했듯이 나는 내담자가 상담을 받으면서 회복되는 과정을 이 책에서 단계적으로 보여주고자 한다. 나는 심리적 학대 전문 심리치료사로서 많은 이들의 치유 과정을 함께했다. 회복 과정은 학대에서 벗어나 다른 삶을 살아나가는 데 반드시 필요하다. 어쩌면 당신은 독이 되는 관계 안에 있다는 것조차 알지 못하고 있을지도 모른다. 이 책이 참고자료가 되었으면 좋겠다. 책을 읽고 나서 자신은 심리적 학대를 겪어보지 않았고 그런 관계 속에 있지도 않다는 걸 알게 된다고 해서 시간 낭비를 한 것은 아니다. 심리적 학대가 무엇인지 정확히 알게 되었을 테니 말이다. 이런 지식이 앞으로의 삶에 도움이 될 수도 있다. 사랑하는 사람이 독이 되는 관계 안에 갇혀 있을 때 당신이 알고 있는 정보를 공유할 수도 있다. 심리적 학대의 징후에 대해 아는 사람이 많을수록 좋다. 가해자는 자신의 행동이 결코 들키지 않을 거라고 생각한다. 주변 사람 모두를 속이고 있다면서 대놓고 흡족해하기도 한다. 보이지 않는 학대에 대한 사회적, 집단적인 지식이 변화를 만든다. 심리적 학대가 계속해서 그늘에 가려져 있다면 앞으로도 많은 이들의 삶이 조용히, 그리고 천천히 망가지게 될 것이다.

1장

심리적 학대란
무엇인가

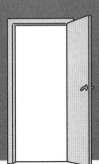

당신의
삶은
달라질 수 있다

이제부터 나는 심리적 학대의 피해자를 '생존자'라고 칭하겠다. 학대 치유 커뮤니티에서 흔히 쓰는 표현으로 좋은 의미를 갖고 있다.

아메리칸 헤리티지 사전에 따르면 생존자란 '살아남은, 고난이나 트라우마에도 불구하고 계속 나아가는, 인내하며 계속하는, 기능이나 쓸모를 유지하는, 보다 더 오래 사는, 트라우마나 역경에 대처하는, 이후에도 굴하지 않고 계속 나아가는 사람'이다.

나는 이 표현이 마음에 든다. '계속 나아가는, 인내하며 계속하는, 기능을 유지하는 사람'이라는 말이 특히 더 좋다. 지금 당신은 제대로 기능하지 못하고 있다고 느낄지 모른다. 하지만 이 책을 찾아서 읽고 있다면 생각하는 것보다 기능을 잘하고 있는 것이다. 매일 하루하루를 살아가는 게 곧 기능을 하는 것이다. 지금보다 더 활기차게 살고 싶을 것이다. 학대를 겪기 전엔 지금보다 더 잘 지냈을 것이다. 어쩌면 어린 시절에 학대를 경험해 감정적으로 피폐한 상태에 익숙할지도 모른다. 그럴지라도 생존자들은 지금보다 더 질 높은 삶을 살고 싶다고 말한다. 내면 깊은 곳에 그런 갈망이 있는 것이다.

나는 피해자라는 말 대신 생존자라는 말을 쓰고 싶다. 당신도 생존자라는 표현을 받아들일 수 있으면 좋겠다. 좋은 뜻으로 쓰인 말이기 때문이다. 자신을 생존자라고 칭하는 게 이상할지도 모른다. '내가 뭐에서 생존했단 말이지? 하루하루 버티기도 힘든데…'라고 생각할지도 모르겠다. 만약 이 표현이 불편하다면 지금은 그냥 넘어가고 계속 읽기 바란다. 마지막엔 당신도 이 말의 참된 의미를 알게 될 것이다. 내가 볼 때 심리적 학대를 경험한 사람들은 단순히 피해자가 아니다. 그들은 교활한 학대를 극복하는 법을 배운 사람들이다. 이들은 치유를 통해 더 강해지고 더 큰 자신감을 갖게 된다. 그렇다고 생존자가 가해자에게 감사해야 한다거나 학대를 선물이라고 생각하라는 말은 결코 아니다. 이런 말을 하는 사람들도 있지만 나는 잘못된 견해라고 본다. 이런 말이 파괴적인 사람들의 광란을 부채질한다. 생존자가 학대를 당한 이후 성장하는 것은 그가 가진 강인함 덕분이다.

심리적 학대를 정확하게 이해하려면 성격장애에 대해 알아야 한다. 성격장애는 상담 대학원이나 사회복지 대학원 과정에서도 깊이 있게 다루지 않는다. 심리적 학대가 무엇인지 제대로 아는 심리치료사보다 이를 이해하는 생존자의 수가 더 많다고 확실히 말할 수 있다. 만약 당신이 생존자로서 상담을 받아봤다면, 상담이 별로였던 적이 꽤 있을 테다. 어떤 경우는 상담에서 학대를 경험하기도 한다. 혹여 그런 경험이 있다면 상담사를 대신해서 사과하고 싶다. 어떤 상담사는 심리적 학대가 뭔지 모르고 그랬을 테고, 알면서 교묘하게 학대를 가하는 이들도 있다. 독이 되는 사람은 어디에나 있다. 심지어 정신건강 분야에도 존재한다. 그러나 많은 경우 상담은 생존자에게 유용하다. 심리적 학대를 이해하고 내담자를 맞을 준비가 된 사람을 찾아보기 바란다. 심리적 학대의 징후와 생존자 치료에 관해 심리치료사를 교육하는 방법이 공식적으로 마련돼야 한다. 많은 사람들이 필요한 변화를 이끌어내기 위해 노력하고 있다.

회복 과정을 당신과 함께 시작할 수 있어서, 당신의 치유 여정에 기여할 수 있어서 기쁘다. 나는 정말로 내 일을 사랑한다. 내담자와 만나 차를 마시며 조각난 삶을 다시 맞추는 작업이 즐겁다. 내담자들은 자기 인생의 최고 순간과 최악의 순간을 나와 공유했다. 나는 그들이 혼란 속에서 보여주는 삶의 의지와 진정성에 깊이 감동했다. 상담실에서 느끼는 분위기와 기분을 당신도 똑같이 느낄 수 있으면 좋겠다. 어떤 내용은 정말 공감할 것이다. 어떤 주제는 공감이 안 될 수도 있다. 그래도 괜찮다. 유명한 약물중독 치유 프로그램에서는 참가자들에게 본인에게 맞는 것은 수용하고 그렇지 않은 것은 그냥 두라고 한다. 당신도 이 책을 읽으며 그렇게 하기를 권한다. 학대 유형도 생존자의 배경도 다양하다. 한 가지 치유 방법이 모두에게 도움이 되는 것은 아니다. 자신에게 맞는 구체적인 회복 방법을 찾는 것이 가장 중요하다.

독이 되는 인간에 대해 6하원칙에 따라 간략히 논의하고 싶다. 할 말이 많은 주제이지만 깊이 다루지 않을 것이다. 가해자가 아니라 당신의 치유를 위해 시간을 보내고 싶기 때문이다. 가해자는 이미 당신에게서 많은 것을 가져갔다. 회복 과정에서 더는 가해자에게 주의를 기울일 가치가 없다. 내 목표는 당신에게 충분한 정보를 제공해서 학대를 일삼는 이들이 어떤 사람들인지 알게 해주는 것이다.

내가 너무 예민하고
불안정한 탓인가?

심리적 학대 제대로 알기

부모, 연인, 목사, 친구도
가해자가 될 수 있다

이 책에는 '독이 되는 사람'이라는 용어가 간간이 사용될 것이다. 이는 자기애성 성격장애(나르시시스트)와 반사회적 성격장애(소시오패스 또는 사이코패스)의 기준에 부합하는 사람을 지칭한다. 나르시시스트, 소시오패스, 사이코패스에 대해서는 뒤에서 더 자세히 다룰 것이다. 그들의 성격이 어떻게 형성되었는지, 그들이 성격장애에서 벗어나려고 하지 않는 이유가 무엇인지에 대해서도 논의하겠다. 이것은 모든 생존자가 알고 이해해야 할 중요한 정보이다. 지금은 이들이 공감 능력이 없고 주변 사람들에게 상당한 피해를 입힌다는 정도만 이야기하겠다. 당신은 이 사실을 이미 알고 있다.

이들은 누구인가? 나르시시스트, 소시오패스, 사이코패스는 당신의 엄마나 아빠일 수도, 언니나 오빠일 수도 있다. 조부모나 이모, 삼촌, 사촌, 남자 친구, 여자 친구, 남편, 아내, 성인이 된 자녀, 친구, 시댁 식구, 직장 동료, 상사, 목사, 멘토 등 모든 인간관계 안에 존재한다. 이렇듯 이들이 가하는 해악은 많은 사람들에게 영향을 미친다. 슬프게도 이들의 영향과 그로 인한 폐해는 곳곳에 퍼져 있다.

여성 가해자

남성만이 나르시시스트, 소시오패스, 사이코패스라는 고정관념이 있다. 이는 완전히 잘못된 생각이다. 관계에서 극심한 해를 가하는 여성들도 많다. 실제로 내 고객 중에는 여성 피해자만큼 남성 피해자도 많다. 여성이 해를 가하는 방식은 남성과 약간 다르다. 대체로 더 은밀하다. 하지만 항상 그런 것은 아니고 어떤 경우에는 매우 공격적이다. 심리적 학대에 대해 가장 먼저 배우게 될 것은 행동의 스펙트럼이다. 어떤 이들은 이렇게 행동하고 또 어떤 이들은 저렇게 행동한다. 이래서 심리적 학대의 가해자를 알아보기가 힘든 것이다. 가해는 매우 다양한 모습과 성격으로 나타난다. 가해자는 모든 게 자기 위주로 돌아간다는 잘못된 믿음을 갖고 있다. 어떻게 이런 믿음을 갖게 되었는지 세부적인 내용은 가해자마다 다르다.

남성 가해자

　남성 가해자는 우리의 문화적 고정관념에 걸맞은 유형이다. 사회 운동가들이 가정폭력의 폐해에 대한 사회적 인식을 높여 놓았다. 하지만 가정폭력은 신체 폭력이 없는 한 실질적인 위협으로 여겨지지 않고 있다. 이로 인해 많은 여성과 아이들이 자기 집에서 공포에 떨고 있다. 법적으로 할 수 있는 것은 아무것도 없다. 신체 폭력을 입증하기 어렵다면, 심리적 학대의 생존자가 취할 수 있는 조치가 없다. 심리적 학대의 핵심인 현실을 왜곡하는 심리게임을 어떻게 설명할 수 있겠는가? 자신과 아이들을 보호하기 위해 도움을 청하는 생존자는 예민하고 이상하고 불안정해 보이기 쉽다. 보이지 않는 은밀한 학대는 말로 설명하기 정말 어렵기 때문이다. 정확한 용어를 쓰지 않으면 생존자만 집착하는 듯이 보인다. 치유전문가들은 현실을 알고 있지만 보통 사람들은 아직 보이지 않는 심리적 학대에 관해 잘 알지 못한다. 그렇기 때문에 2단계(교육)가 필수적이다. 당신이 집이나 회사, 또는 다른 곳에서 입은 피해를 설명하는 데 필요한 언어를 여기서 발견하게 될 것이다.

독이 되는 사람들의
특징

　나르시시스트, 소시오패스, 사이코패스는 우리 주변에 있다. 사실이다. 심리치료사로서 나는 성인에게 자기애성 성격장애나 반사회적 성격장애라는 진단을 내릴 수 있다. 성격장애는 일반적으로 성인이 되기 전에는 진단하지 않는다. 청소년기는 성격이 형성되는 시기라고 보기 때문이다. 자기애성 성격장애나 반사회적 성격장애의 특성을 일찍 보이는 사람들도 있다. 이런 아이와 청소년의 경우 성격과 관련 없는 다른 진단을 받기도 한다.

　나르시시스트, 소시오패스, 사이코패스 진단 기준에 부합하는 이들은 대부분 정식으로 진단을 받지 않은 사람들이다. 이들 중 자발적으로 상담을 받는 사람은 거의 없기 때문이다. 만약 이들이 상담실에 온다면 누군가가 억지로 보냈거나 자신은 문제가 없다고 상담사를 설득하기 위해서다. 내담자가 아닌 사람을 상담사가 진단할 수는 없다. 나를 찾아온 생존자에게 자기애성 성격장애나 반사회적 성격장애의 진단 기준에 대해 이야기할 수는 있지만 상담실에 있지 않은 사람에 대해 진단을 내릴 수는 없다. 어떤 진단인지 암시하는 것만으로도 윤리적인 문제가 제기된다. 하지만 생존자가 자신이 겪은 일이 무엇인지 알고 설명할 수 있게 되면 상당한 힘을 얻는다. 생존자의 회복이라는 목표를 염두에 두고, 가해자에게 공식적인 진단을 내리지 않은 채 성격장애의 특징에 대해 논의하도록 하자. 생존자는 상담을 시작할 때 반드시 성격장애에 대한 지식을 가져야 한다.

　나르시시스트, 소시오패스, 사이코패스가 임상적으로 어떻게 다른지 궁금해 하는 사람들이 있다. 예를 들어 설명하겠다.

- 나르시시스트는 당신의 차를 들이받고는 당신이 자기를 방해했다며 질책할 것이다. 당신이 어떻게 해서 자기 차를 망가뜨렸는지 끝도 없이 불평할 것이다.
- 소시오패스는 당신의 차를 들이받고는 당신이 자기를 방해했다고 질책하며 히죽댈 것이다. 자신이 만들어 놓은 혼란을 보며 속으로 즐기고 있는 것이다.
- 사이코패스는 치밀하게 계산된 방법으로 당신의 차를 들이받으면서 웃는다. 그리고 피해를 최대로 주기 위해 다시 들이받는다.

참 좋은 사람들이다. 그렇지 않은가? 간단한 예를 들었지만 성격장애의 스펙트럼을 잘 보여준다. 성격장애의 차이점은 얼마나 극심한 해를 가하느냐에 달렸다. 이들은 타인에게 진정한 애착을 갖지 못하는 자신에 대해 고심하지 않는 사람들이다.

친밀하게 다가왔다가 멀어지기를
반복하는 파트너

학대는 부모와 자식, 연인이나 친구, 동료처럼 한 사람과의 관계에서 발생할 수도 있고, 가족, 회사, 종교단체처럼 집단에서 일어날 수도 있다. 먼저 연인이나 배우자가 가해자가 되는 경우를 살펴보자.

연인관계인 파트너가 다양한 방법으로 보이지 않는 심리적 학대를 저지를 수도 있다. 안전하리라고 기대했던 관계에서 가장 혐오스럽고 악랄한 학대가 일어나는 것을 나는 목격했다. 내담자들이 '로맨틱'한 관계에서 엄청난 독을 먹고 심리적인 학대로 인해 입원할 지경에 이르는 걸 보았다. 내담자가 그렇게 망가지는 모습을 보면 정말 안타깝다.

안전한 보금자리가 될 줄 알았던 사람이 사실은 조용히 파트너를 익사시키고 있는 것이다. 이런 일이 실제로 일어난다. 감정적인 살인은 남들이 가해자를 좋은 사람이라며 칭찬하고 생존자가 얼마나 운이 좋은지 떠들어대는 동안 일어나곤 한다. 파트너에게 학대받은 적이 있다면 가해자가 얼마나 완벽히 '지킬과 하이드'를 연기하는지 잘 알고 있을 것이다. 남들이 보지 않는 곳에서 보이는 모습은 가해자가 세상에 보여주는 대외적인 이미지와 극적으로 다르다. 게다가 세상은 그런 외부적인 이미지를 진짜라고 믿는다. 보이지 않는 학대를 가하는 사람 중에는 이미지가 좋을 뿐 아니라 정말 뛰어나게 괜찮은 경우가 많다. 이것이 우연의 일치라는 생각은 아예 하지 말라. 가해자는 계산된 전략을 써서 생존자의 주장이 거짓이라고 어필한다. 이런 환경에서는 어떤 주장도 받아들여지지 않는다. 생존자는 '미친 사람'처럼 보이고 학대는 계속된다. 우리는 심리적 학대의 가해자가 얼마나 진실을 잘 숨기는지를 과소평가해서는 안된다. 가해자는 자신에게조차 정직하지 않으며 자신의 거짓말을 진짜로 믿는 사람이다.

　나는 가해자가 보이는 로맨틱한 관심을 마약을 파는 사람에 비교하곤 한다. 마약 딜러는 중독성 높은 약을 '무료' 샘플로 주며 표적이 걸려들게 한다. 표적은 신체적, 감정적으로 딜러에게 의존하게 된다. 그러면 약은 더 이상 무료로 제공되지 않고 아주 높은 가격에 판매된다. 그 가격은 목표물의 자아존중감과 안전이 될 수 있다. 목표물이 약물에 의존하지 않으려고 하면 어떤 일이 생길까? 다시 의존하게 될 때까지 무료 샘플을 더 나눠준다. 중독과 비싼 가격 사이에서 사람을 애타게 만드는 악순환이 생기는 것이다. 정말로 사악하다. 학대적인 관계가 가진 극도로 좋은 순간과 극도로 나쁜 순간은 약물 중독과도 같다. 나쁜 순간은 극심한 불안과 혼란을 야기한다. 좋은 순간에는 아드레날린이 솟구친다. 이 모든 것이 가해자가 만들어낸 것임을 생존자가 깨달을 때 회복이 시작된다. 표적이 균형을 잃고 좋은 순간에 중독되게 하기 위해서 이런 전술을 사용하는 것이다.

　앞서 가해자가 하는 행동의 스펙트럼에 대해 언급했다. 모든 가해자가 생존자를 불안정해지도록 내몰지는 않는다. 어떤 사람은 감정적으로 상대를 버림으로써 조용히 생존자의 자존감을 갉아먹는다. 몸은 함께 있지만 감정적으로 부재하는 관계는 결혼도, 아무것도 아니다. 상대를 감정적으로 떠나는 데에는 여러 가지 방식이 있다. 다양한 형태의 보이지 않는 학대가 여기에 해당된다. 심리적 학대의 가해자는 수동적 공격성향의 통제 방법을 자주 이용한다. 가해자가 뭘 하고 있는지 정확히 보기 힘들 수 있다. 따라서 생존자는 혹시 자신이 너무 예민하거나 불안정한 게 아닌지 생각하게 되는 것이다. 감정적으로 멀어지는 것은 가해자가 관계에 있어서 우위를 유지하기 위해 쓰는 방법이다. 누가 신경을 덜 쓰는지 한번 해보자는 것이다. 누구든 투자를 적게 하는 사람이 이기는 것이다. 그렇지 않은가? 아무튼 가해자는 그렇게 생각할 것이다. 가해자가 '가까이 다가왔다 사라지는' 행동을 반복하면 생존자는 온갖 내적 갈등을 겪는다. 가해자는 그 상태를 너무나 좋아한다. 그렇다. 가해자는 의도적으로 해를 가한다. 이런 심리게임은 커플의 친밀도를 깨뜨리고 만다. 가까운 사람에게 해를 가할 수 있다는 점이 바로 심리적 학대의 가해자가 갖고 있는 애착의 문제를 잘 보여준다.

심지어 신혼여행에서 상대의 행동이 급격하게 변하는 경험을 한 생존자들도 있다. 결혼식이 끝나자마자 배우자가 냉담해지고, 정서적으로 거리감을 느끼게 하며, 요구하는 게 많아졌다는 것이다. 결혼식 전에 약간 이상한 점이 있었긴 해도 결혼을 취소할 정도는 아니었을 것이다. 슬프게도 생존자가 완전히 덫에 걸리고 나면 가해자의 가면이 벗겨진다. 독이 되는 인간의 진짜 모습이 그제야 나타나는 것이다. 인생 최고의 사랑과 결혼한다고 생각한 사람에게는 엄청나게 충격적인 일이다. 공식적으로 두 사람의 결합을 축하받고 난 뒤라면 그럴 수밖에 없다. 심리적 학대 관계에서 이런 상황은 종종 일어나는 일이니 언급할 필요가 있다.

독이 되는 사람과의 결혼생활에서 아이가 생기면 또 다른 국면에 접어든다. 생존자는 배우자가 학대 성향이 있다는 걸 눈치 챘지만 아이가 생기고 나니 부정적인 행동이 더 잦아졌다고 말한다. 왜 그런 것일까? 심리적 학대의 가해자는 자신에게 관심이 쏠리지 않으면 질투를 느낀다. 배우자와 아이들에게까지 질투심을 느낄 수도 있다. 독이 되는 사람은 지속적인 관심을 요구한다. 자신에게 그럴 만한 자격이 충분하다고 생각하고 오만한 자존심을 충족하고자 한다. 아이가 태어나면 배우자에게만 관심을 쏟을 수 없는 건 당연하다. 그런데도 가해자는 더욱 더 많은 걸 요구한다. 배우자에게 자기를 더 사랑하는지 아이를 더 사랑하는지 물어보는 경우도 있다. 건강한 부모라면 자기 아이를 두고 경쟁하면서 관심을 더 많이 받으려고 하지 않을 것이다. 배우자가 지속적으로 관심을 주지 않으면 가해자는 이를 핑계로 자신의 나쁜 행동을 정당화하기도 한다. "나한테 필요한 걸 안 해주네." "더 이상 내가 우선순위가 아니군." "맨날 아이들만 생각해." 가해자는 이런 말을 한다. 이런 말을 들으면 생존자는 배우자로서, 그리고 부모로서 문제가 있지 않은지 스스로를 의심하게 된다. 가해자는 생존자를 어찌할 수 없는 진퇴양난의 상황으로 몰아간다. 배우자와 아이 사이에서 양자택일을 하란 말이다.

어떤 이들은 "문제 없는 커플은 없어"라는 말로 배우자나 연인의 독이 되는 행동을 정당화하려고 할 것이다. 정상적인 관계와 학대적인 관계를 이렇게 비교하는 것은 옳지 않다. 정상적인 관계에서 겪는 갈등은 생존자를 만성적으로 외롭게 만들지 않으며, 관계에서 보살핌을 못 받지도 않고, 아이들에게 어떤 영향을 줄지 걱정하지도 않을 테고, 삶의 주요 영역에서 회복이 필요하지도 않을 것이다. 독이 되는 사람들은 자신의 행동이 정상인 것처럼 보이게 만든다. '문제 없는 커플은 없다'는 말로 생존자가 과잉반응을 하거나 지나치게 예민하다고 느끼게 만들려는 것이다. 초점을 가해자의 행동에서 생존자의 반응으로 바꾸려는 전술이다.

솔직한 건지 공격하는 건지
모르겠는 친구

우정은 우리를 지지해주는 관계의 핵심이다. 많은 측면에서 삶을 풍요롭게 해준다. 친구는 우리가 선택하는 가족과도 같다. 사적인 삶과 개인의 생각을 공유하는 관계이기에 친구를 현명하게 선택하는 것은 매우 중요하다. 왜 내가 저 사람과 가깝게 지냈을까, 반문한 적이 있을 것이다. 나는 개인의 성장이 다음 두 가지 이유로 인해 저해되거나 완전히 망가진다고 생각한다. 내면의 목소리와 정기적으로 만나는 사람들의 태도가 그것이다. 친구 관계에서 벌어지는 심리적 학대 역시 잘 보이지 않는다. 친구가 솔직하게 이야기하는 건지 공격을 하는 건지 구분이 안 될 수 있다. 잘 지내다가 소원해지기도 하는 정상적인 우정과 학대 관계의 차이는 그 관계가 생존자에게 미치는 영향에 달려 있다. 독이 되는 사람의 의도도 우정을 가장한 학대인지를 구분하는 핵심 요소이다.

악의에 찬 친구는 상대방이 정해놓은 경계를 지키지 않는다. 계속해서 출입금지 사인을 밀고 들어온다. 예를 들어, 생존자가 독이 되는 친구에게 남들 험담할 때 자신은 빼달라고 요청한다고 하자. 심리적 학대를 가하는 친구는 이런 요청을 완전히 무시하고 계속해서 생존자를 끌어들여 분란을 만든다. 이런 친구들은 다른 사람의 인생에 대해 전문가처럼 군다. 아이를 더 잘 기르는 법도, 외모를 가꾸는 법도, 건강을 관리하는 방법도 너무나 잘 안다. 이들은 당신을 위해 주는 척하면서 외모를 가꾸라거나 시부모에게 잘 하라고 지적을 한다. 반면에 자기 인생은 너무나 완벽하다고 여긴다. 독이 되는 친구의 평가와 자랑에 마음이 상하지만 피해자는 이내 자기 의심에 빠진다. '친구의 충고에 마음이 상하다니, 내가 너무 예민한 탓이지.' 자기 인생이 '완벽'해서 어째야 좋을지 모르겠다는 말까지 하는 친구도 있을 것이다. 그렇다. 이렇게 말도 안 되는 소리를 남들이 들으라고 크게 떠들기도 한다. 자기 입으로 그런 말을 하다니, 나르시시스트니까 가능한 일이다.

독이 되는 가족도 있다

독이 되는 사람들은 다양한 집단에서 볼 수 있다. 가족이나 교회 모임, 직장 동료들이 가해자가 될 수도 있다. 독이 되는 집단의 공통적인 특징은 생존자가 어떤 사람인지 알고 싶어 하지 않는다는 것이다. 이들은 생존자에 대한 잘못된 이미지를 만들어 학대 행위를 정당화하려고 한다. 희생양을 만드는 전형적인 방법이다. 집단 전체의 문제로 인해 생존자가 가장 큰 타격을 받는다. 먼저 독이 되는 가족에 대해 알아보자.

심리적 학대를 가하는 부모가 자녀에게 신랄한 혐오의 말을 하는 경우가 있다. 자녀가 성인이 되어 집을 떠난 뒤에도 그 말은 오랫동안 자녀의 마음속에 남아 있게 된다. 나르시시스트, 소시오패스, 사이코패스는 좋은 부모가 되지 못한다. 그들에게는 양육에 필요한 기본적인 공감 능력과 희생적인 면모가 없다. 아이보다 자신의 필요를 먼저 챙기면서, 그게 당연하다고 생각한다. 그런 가해자를 보면 화가 난다. 훗날 가해자들은 어째서 우리 집은 다른 집처럼 화목하지 못한지 궁금해 한다. 독이 되는 부모는 자신이 얼마나 이기적인지 성찰하지 못한다.

독이 되는 가족들에게는 친밀한 관계를 맺는 것이 목표가 아니다. 형제자매들은 서로에게 흠집 내는 일이 잦을 것이다. 가족들을 통제하려는 부모는 자녀가 성인이 되어도 의도적으로 이런 일을 벌인다. 교묘할 수도, 공공연할 수도 있지만 가족 구성원 간의 애착 관계는 손상을 입게 된다. 부모가 자녀들 사이의 친밀한 관계를 방해한다는 건 상상하기 어려울 것이다. 하지만 부모가 자식들 간에 싸움을 계속해서 조장하는 걸 본 적이 있다. '의사상호성'이라는 임상 용어가 있는데 이 말이 적용되는 해로운 가족 관계가 많이 있다.

겉으로는 친밀하게 잘 지내는 듯 보이지만 실제로는 사이가 매우 좋지 않고 해로운 관계임을 뜻한다. 친밀한 가족의 모습을 세상에 보여주지만 실상은 피상적이고 파괴적인 집단인 것이다.

독이 되는 가족은 구성원의 수에서 힘을 얻는다. 가족이 많을수록 안에서 벌어지는 해악이 더 성공적으로 감춰진다. 가족이 아닌 사람이 보기에는 특히 그렇다. 독이 되는 가족은 다양한 학대 기법을 써서 원하는 결과를 얻어낸다. 어떤 사람은 무관심의 표명으로 상대에게 아무런 말도 하지 않는다. 심지어 손자손녀를 이렇게 대하면서도 아무렇지 않은 사람도 있다. '그 사람'이라는 말로 가족과 배우자를 칭하기도 한다. 과도한 험담으로 구성원 간에 긴장을 유발시킬 때도 있다. 학대를 알아차리는 것이 회복의 첫 단계이다. 독이 되는 가족을 오랫동안 지켜보면 희생양이 한 사람에서 또 다른 사람으로 옮겨가는 걸 알 수 있다. 심리적인 학대를 가하는 가족은 표적이 되는 희생양이 없이는 살지 못한다. 그렇지 않으면 자신이 갖고 있는 문제에 직면해야 할 테니 말이다.

심리적 학대를 가하는 가족은 편을 갈라 이기려고 한다. 특히 사위나 며느리와의 관계에서 이런 수법을 잘 쓴다. 고부갈등이 있는 가족을 본 적이 있는가? 사위가 표적이 되는 경우도 있다. 편을 갈라 이기는 수법은 아주 은밀하게 작동한다. 아무것도 모르는 사람들처럼 보이지만 그들은 절대 순진하지 않다. 예를 들어 학대를 가하는 가족들은 희생양으로 삼은 사위나 며느리가 자리를 함께하지 못하게 한다. 의도적으로 자동차에 자리가 없게 만들어 사위나 며느리가 다른 차를 탈 수밖에 없도록 만드는 식이다. 가족이 함께 식당에 갔을 때 '때마침' 모두 한자리에 앉을 만한 긴 테이블이 있다. 그런데 독이 되는 가족들이 순식간에 모여 앉는 바람에 사위나 며느리는 테이블 맨 끝자리에 앉아야 한다. 배우자와 아이들에게서 떨어진 채로 말이다. 편을 갈라 이기는 수법이란 이런 것이다.

이런 종류의 학대는 생존자가 거부당하고 환영받지 못하며 소외감을 느끼도록 만드는 걸 목표로 한다. 배우자와 아이들은 가족이라는 '집단' 안에 있지만 목표물이 된 생존자는 소외되는 것이다. 초등학교 때 친구를 따돌리는 아이들이 하는 짓을 성인들이 하고 있는 것이다. 생존자가 불만을 표시하면 얼마나 받아들여질 것 같은가? 생존자가 불만이 많고 심리적으로 불안하며 제멋대로 하려 한다는 소리만 듣게 될 것이다. 사실은 전혀 그렇지 않은데도 말이다. 생존자는 보이지 않는 게임이 진행되고 있음을 영혼 깊숙이 느낀다. 심리적 학대는 매우 교묘할 때가 많다. 배우자와 아이들과 멀리 떨어져 앉는다고 불평하면 쩨쩨한 사람처럼 보이게 된다. 학대적인 가족 구성원들이 원하는 게 바로 이거다. 이들은 일부러 생존자가 우스꽝스러워 보이는 상황을 조장한다. 은밀하게 감춰진 학대를 통해 생존자가 화내고 슬퍼하고 감정적으로 반응하도록 말이다.

학대를 가하는 가족들은 마치 파리지옥풀처럼 행동한다. 파리지옥풀은 보기 좋은 외양으로 작은 벌레를 유혹해서 가까이 오게 하는 식충식물이다. 곤충이나 거미가 표면에 앉으면 잎을 닫아 안에다 가둬버린다. 그리고는 먹잇감을 먹기 시작한다. 독이 되는 가족들도 이와 같다. 좋은 미끼를 이용해서 희생양이 학대적인 환경에서 벗어나지 못하도록 유혹하는 것이다. 돈을 미끼로 하는 경우가 많다. 여행비용을 대주고 대출금을 갚아주고 차를 사주고 손자의 등록금을 대준다는 약속이 제일 많다. 실제로 약속을 지키는 경우도 가끔 있다. 의무감을 당근처럼 내걸기도 한다. 어떤 가족들은 자기들이 필요한 걸 전부 내놓으라고 요구한다. 생존자는 안중에도 없다. 생존자는 독이 되는 가족의 요구에 부응해야 한다는 의무감을 느끼게 된다. 무언의 요구이든 말로 표현하는 요구사항이든 간에 말이다. 자신의 안전과 평화는 중요하지 않다고 배우며 자란 사람이 특히 의무감이 강하다. 가족들 사이에서 이기적으로 행동하고, 가족이 자신을 필요로 할 때 나타나지 않을 수 있는 사람이 누가 있겠는가? 이기심과 필요를 어떻게 정확히 구분할 수 있겠는가? 학대적인 가족은 곤란에 빠진 듯이 보이기 위해서 일을 벌이는 데 소질이 있다. 친정 식구들 때문에 힘들어하는 사람이 있다. 동생은 남편이 생활비를 제대로 안 준다면서 죽고 싶다고 하소연한다. 엄마는 언니가 동생을 돌봐야 한다고 채근한다. 사실 동생은 언니보다 훨씬 풍족하게 살고 있는데 말이다. 책임감 강한 언니는 동생과 엄마의 요구를 거절하지 못한다. 정말로 필요한 것과 꾸며낸 것을 구별하기란 힘든 일이다.

유혹에 성공하고 나면 두 번째 단계가 시작된다. 또다시 독을 뿜는 것이다. 심리적 학대의 가해자들은 정상적인 모습을 잠시 동안만 유지할 수 있다. 진심으로 남을 배려하는 사람이 되고자 하는 의지는 애초에 없기에 성품이 좋은 사람인 양 행동을 꾸며야만 한다. 친절한 척하는 연기는 오래가지 않으며 곧 본래 모습으로 돌아온다. 조작된 친절함 후에 평소처럼 성격장애 상태로 돌아가면 대개 그 강도가 더 심해진다.

이들은 애정 어린 관심으로 상처받은 가족 구성원을 유인한다. 하지만 상처받은 이는 다시 흠씬 두들겨 맞고 거부당한다. 학대가 반복되기 때문에 여기서 빠져나오기 어렵고 회복을 유지하기 힘든 것이다. 가족한테 사랑받고 싶지 않은 사람이 누가 있겠는가? 아침에 눈을 떴을 때 가족들이 끔찍한 말과 행동을 하길 바라는 사람이 누가 있겠는가? 인간은 소속감이 필요하다. 우리는 집단에 포함되기를 원한다. 내 사람들이 있고 그들도 나를 자기 사람이라 여기길 바란다. 가해자들은 자신의 이익을 위해 바로 이 소망을 이용한다.

가족한테서 신체적 또는 감정적으로 소외된 생존자는 깊은 슬픔을 느낀다. 시댁이나 처가 식구들에게 학대받고 조롱당하고 창피당한 사람은 슬프기도 하지만 화가 난다. 가족이나 시댁, 처가 식구들이 인간으로서 마땅히 받아야 할 사랑을 주지 않을 때 삶은 달라진다. 명절이 달라지고 인생의 중대사가 불편해질 때가 많다. 따스함과 애착 대신 긴장이 감돈다. 가족들의 학대에서 치유되려면 시간이 걸린다. 생존자의 깊은 믿음을 바꾸어야 하기 때문이다. 회복은 반드시 가능하다. 가족의 학대에서 회복되는 데는 시간이 걸린다는 것을 이해하는 게 치유에 큰 도움이 된다.

교회에 숨어 있는
독이 되는 사람들

기독교와 관련된 일에 대해서는 많은 이들이 조심스러워한다. 그 래도 이 이야기를 하지 않을 수가 없다. 신의 이름으로 행패를 부리는 목사들이 너무나 많기 때문이다. 이들은 불확실한 현대 사회에서 신을 발견하고자 하는 사람들에게 많은 해를 입히고 있다. 모든 목사가 다 나쁘다는 말을 하는 게 아니라는 걸 분명히 해둔다. 일부 목사들이 사랑, 인내, 친절, 희망이라는 훌륭한 성품과 거리가 멀다는 말이다. 나는 20년 넘게 교회를 다녔다. 기독교가 가진 최고의 모습과 최악의 모습을 모두 보았다.

나르시시스트, 소시오패스, 사이코패스의 독이 되는 행동은 명백하고 거창하게 드러난다고 생각하는 사람들이 많다. 다년간 교회 문화를 접하고 보니 심리적 학대의 가해자들이 전부 다 겉으로 보기에 굉장하지는 않다고 분명히 말할 수 있다. 종교단체에서는 겸손한 태도를 높이 평가한다. 따라서 교회에 숨어 있는 독이 되는 사람은 남들처럼 말하고 행동한다. 교회 안에 있는 가해자는 가해자의 이미지에 들어맞지 않는다. 성격장애를 가진 사람을 알아보는 일반적인 방법이 통하지 않는 것이다. 따라서 독이 되는 사람들이 자신의 학대 행동을 감추기 위해 연출해내는 다양한 모습을 알아두어야 한다.

어떤 나르시시스트, 소시오패스, 사이코패스는 계산적으로 목사와 교회 지도자들과 친해지려 할 것이다. 대외적으로 좋은 이미지를 만들어 자신이 심리적 가해자라는 사실을 숨기기 위해서다. 교회 지도자는 사람들의 말에 모순이 있는지 알아보고 위험신호를 무시하지 말아야 한다. 이들이 가해자를 알아보지 못하거나 알아보려는 노력도 하지 않는다면, 이는 생존자를 또다시 학대하는 것이다. 심리적 학대의 가해자가 교회에서 권위적인 위치에 있는 경우를 자주 보게 된다. 그들이 집에서도 진실된 생활을 하고 있는지 가족들에게 물어보는 일은 없다. 겉으로 보기에 괜찮으면 정말로 괜찮은 사람이라고 믿는 것이다. 거짓된 생활을 연기하기에 교회보다 더 효과적인 곳은 없다. 누가 거짓이고 누가 진실된지 알아내는 지혜를 얻으려면 지도자들이 안목을 길러야 한다.

독이 되는 교회 지도자와 신도들은 타겟으로 삼은 이들을 '피하는' 경향이 있다. 왜 그럴까? 회개하지 않는 이와 어울리지 말라는 성경 말씀을 심리적 학대를 정당화하는 데 악용하는 것이다. 가해자들은 타겟이 된 사람들을 지지해주지 않고 관계를 맺지도 않는다. 독이 되는 지도자와 신도들의 주된 관심은 사람들을 계속해서 통제하면서 자신이 만들어낸 이미지를 손상시키지 않는 것이다. 성격장애가 있는 지도자나 신도에 대해 말할 용기가 있는 건강한 사람들을 이런 식으로 통제한다. 지도자는 "신도들의 안전을 위해서"라고 말하지만, 절대 아니다. 교회를 '비방'하는 일부 사람들의 불평인 것처럼 만들고 문제를 가리려는 것이다.

독이 되는 지도자는 진실이 밝혀질까 두려울 때 상대를 공격한다. 진실을 말하는 사람이 표적이 된다. 대부분 한때 지도자와 가까웠지만 눈 밖에 난 사람들이다. 이들이 문제제기를 하면서 관계가 틀어진 것이다. 심리적 학대를 가하는 지도자는 추종자들에게 둘러싸여 있으며 자신에게 문제제기를 하는 것은 무례한 짓이라고 여긴다. 지도자에 대항하는 사람은 신도 집단에서 따돌림을 받는다. 신도와 직원이 많을수록 독이 되는 지도자는 더 잘 보호받는다. 건설적인 비판이 통하지 않고 학대 행위를 해도 밝혀지지 않을 때가 많다.

교회에서 사람들이 피해를 입고 있다. 이 문제에 더 많은 관심이 필요하다. 교회를 곤란하게 만들려는 게 아니라 생존자들의 치유를 위해서 하는 말이다. 신의 이름으로 행하는 해악은 영적인 학대라는 것을 알려야 한다. 이런 학대는 여러 방법으로 행해진다. 성경 말씀을 악용하는 게 제일 흔한 방법이다. 교회 지도자들이 성격장애를 가진 사람을 알아볼 수도 없을 뿐 아니라 나르시시스트가 택하는 흔한 직업이 바로 목사다. 생존자는 전문적인 상담 교육을 받지 않은 교회 직원이나 자원봉사자에게 형편없는 '상담'을 받고 있다. 이런 유형의 학대적인 관계를 치료하기 힘들어하는 심리치료사가 많다. 하물며 교회 지도자가 이에 대해 잘 알고 조언을 해줄 수 있을 거라 기대할 수는 없다. 게다가 독이 되는 사람들은 교회가 갖고 있는 이미지와 파워 때문에 교회에 끌리게 된다. 장막을 걷고 현대 기독교의 숨겨진 이면을 밝혀야 한다. 심리적 학대와 영적인 학대가 발생할 때 생존자는 자신의 신앙심을 의심한다.

교묘하게 뒤통수를 치는
직장동료와 상사

나르시시스트, 소시오패스, 사이코패스도 돈을 벌어야 한다. 어디서 돈을 벌까? 이런 사람들도 회사원, 매니저, 중견 관리자로 일한다. 직장에서 독이 되는 사람은 아주 교묘한 방법으로 생존자의 성공을 방해할 때가 많다. 업무 수행에 필요한 정보를 다 주지 않고는 일 처리가 제대로 안 되었다며 생존자를 당혹스럽게 한다. 학대가 은밀하지 않고 매우 공격적일 때도 있다. 다시 말하지만 심리적 학대의 가해자는 다양한 방법으로 혼란을 야기한다. 폭언을 하거나 공개적으로 망신을 주거나 심지어 신체적 접촉을 통해 군림하려 들기도 한다. 학대 방식에 상관없이 생존자는 신체적, 감정적 고통을 겪는다. 직장 내 학대가 있을 경우 많은 생존자들이 출근하면서 극심한 불안을 경험한다. 강도의 차이는 있겠지만 직장에서 지독한 해를 입는 것은 생존자에게 부정적인 영향을 미치게 된다.

그들은 약한 사람이 아니라
자신을 돋보이게 해줄 사람을 찾는다

가해자는 자신에게 없거나 자신이 가질 수 없는 것을 가진 사람을 표적으로 삼는다. 나르시시스트, 소시오패스, 사이코패스는 자신의 자부심을 높여줄 사람을 목표물로 삼기로 악명이 높다. 목표물의 외모나 나이, 지적 수준, 평판, 종교적 신념, 직업적인 성공, 가족, 친구들 등등을 본다.

표적이 여기에 말려들면 독이 되는 인간은 애초에 자신이 생존자에게 끌렸던 바로 그 면모를 산산조각 내기 시작한다. 원래는 건강하고 행복했던 사람을 파괴하면서 가해자는 힘과 즐거움을 만끽한다. 생존자는 이런 점을 보지 못할 때가 많다. 학대를 받는 동안 생존자는 자신이 제구실을 못하는 사람이라고 여기게 되기 때문이다. 가해자가 그렇게도 혐오스러운 말을 해대니 생존자는 자신이 '약해서' 표적이 된 거라 짐작한다. 진실은 이와 완전 반대다. 가해자는 자신에게 아무 가치가 없는 사람은 거들떠보지도 않는다. 애초에 더 큰 '상품'을 찾는다. 심리적 학대를 가하는 사람은 자신을 돋보이게 하거나 기분 좋게 해주는 사람을 좋아한다. 꼭 거머리처럼 자양물을 주는 사람에게 달라붙는 것이다. 충분히 먹고 나면 가해자는 질투심을 불러일으키는 생존자의 면모를 파괴하기 시작한다. 독이 되는 사람은 긍정적인 속성을 가질 수 없으므로 생존자가 좋은 면을 갖는 것 또한 원하지 않는다.

가해자는 모든 사람과 상황을 자신에게 최대한 이익이 되도록 이용한다. 이들의 머릿속에 자기 삶의 체스판이 들어 있는 것 같다. 체스판 위에 있는 말을 교묘히 움직여 이기는 게임을 하는 것이다. 독이 되는 사람은 자신의 행동이 주변 사람에게 미치는 영향에 신경 쓰지 않는다. 가해자는 타인의 입장을 결코 고려하지 않는다는 것을 인식해야만 한다. 생존자 스스로 삶의 질을 높여야 한다. 그러면 가해자의 체스 게임에 걸려들지 않을지도 모른다.

그들은 뛰어난 연기력으로
진실을 감춘다

독이 되는 사람들은 연기력이 뛰어나다. 무슨 수를 써서라도 관계를 좌지우지하려고 한다. 자신이 피해자인 것처럼 보이기 위해 눈물을 이용하기도 한다. 달라진 것처럼 보일 필요가 있을 땐 감정을 이용하기도 한다. 하지만 이는 생존자를 조종해서 자신이 주도하는 게임으로 다시 끌어들이려는 수작이다. 남을 이용하는 자들은 온갖 감정 연기로 주변 사람들을 조종하려 한다. 눈물뿐만 아니라 죄책감을 이용하기도 한다. 생존자가 경계를 설정하려고 하면 죄책감을 느끼게 만든다. 독이 되는 사람은 화를 내서 겁을 주어 상대가 순응하게 만들 수도 있다. 행복한 모습을 과장해서 보여줌으로써 생존자가 버려지고 잊힌 듯한 느낌이 들게 하기도 한다. 중요한 점은 가해자가 보이는 감정에는 분명한 목적이 있다는 것이다. 어떤 식으로든 남들에게 해를 가하려는 것이다. 이들의 행동은 신뢰할 수 없으며 액면 그대로 받아들일 수도 없다. 심리적 학대의 가해자가 연기력이 뛰어난 데에는 그만한 이유가 있다.

생존자들이 흔히 하는 말이 있다. 어째서 자신이 위험신호를 더 일찍 알아보지 못했는지 혼란스럽다는 것이다. 독이 되는 사람이 부모든, 동료든, 친구나 연인, 혹은 종교 지도자이든 상관없다. 모든 생존자가 독이 되는 사람의 가학성을 더 빨리 알아보지 못한 것에 대해 심각하게 자신을 의심한다. '어쩌다 나한테 이런 일이 생긴 걸까?'라는 질문을 흔히 한다. 이런 형태의 학대는 구체적으로 잡아내기 어렵고 그래서 아주 은밀하게 일어난다. 가해자는 자신의 의도를 감추려고 애쓴다. 거짓말을 하고 생존자에게 책임을 돌린다. 수많은 사건을 통해 깊은 상처를 받고 나서야 학대의 패턴이 보인다. 심리적인 학대는 한 번으로 끝나지 않는다. 나는 생존자가 학대를 겪는 과정을 '조약돌 모으기'라고 비유하곤 한다. 조약돌 하나가 가해자와의 부정적인 만남 한 번을 의미하는 것이다.

관계 초기에 뭔가가 잘못되었다는 생각이 들지 모른다. 생존자의 보이지 않는 가방에 조약돌 몇 개가 들어 있을 것이다. 아직 가방은 그리 무겁지 않다. 다만 뭔가 이상하다거나 가해자로 인해 마음 상한 순간이 몇 개 들어 있을 뿐이다. 가족과 의절하거나, 직장을 그만두거나, 애인과 이별하거나, 교회를 떠나거나, 결혼을 끝내기에는 그 해악을 증명하기에 충분치 않다. 그저 좋지 않은 순간이 몇 번 있었을 뿐이다. 그렇지 않은가? 이 시점에서 생존자는 완벽한 사람은 아무도 없으며 누구나 단점이 있다며 합리화할 것이다. 좋은 날도 있고 나쁜 날도 있다고 말이다. 보통 사람은 인간관계에서 경험한 몇 번의 불쾌한 순간을 너무 심각하게 여기지 않는다. 우리는 종종 이런 순간을 떨쳐버리고 지나간다. 시간이 갈수록 조약돌(상처받는 일)이 든 가방이 굉장히 무거워진다. 너무 무거워서 더 이상 들고 다닐 수 없을 정도로 말이다. 이때가 돼야 생존자는 가해자의 성격장애와 학대의 무게에 짓눌려 있다고 토로한다.

하지만 독이 되는 사람들은 한 가지 사건만 분리해서 다루고 싶어한다. 그들은 자신이 한 말이나 행동이 별것 아니라고 주장한다. 조약돌 한 개만 보고 가방의 무게는 보지 않으려 한다. 이들은 생존자를 '과거에 매여 있다'고 비난하거나 '내 실수를 당신이 용서하지 않으려 하는 게 문제야' 같은 말을 한다. 그게 아니다. 문제는 가해자가 상대를 해치기 위해 같은 '실수'나 선택을 반복한다는 것이다. 이들은 한 번에 한 가지 사건만 이야기하고 싶어 하지만 이것은 불가능하다. 폭풍우 속에서 빗방울 하나를 떼어낼 수 없는 것과 마찬가지다.

나르시시스트, 소시오패스, 사이코패스는 대개 날카로운 관찰력을 가졌다. 때문에 체계적으로 표적의 정보를 수집해서 나중에 자신의 이익을 위해 이용할 수 있다. 심리적 학대의 가해자는 감정적으로 여린 부분을 찾아내 이용하면서 상대를 조종하고 즐거움을 느낀다. 예를 들어 목표물이 자신의 약점이나 불안에 대해 가볍게 언급했다고 하자. 독이 되는 인간은 그 정보를 기억해 두었다가 적절한 때가 되면 이용한다. 가해자는 남을 해치는 수단으로 이용하기 위해서 항상 정보를 수집한다. 때문에 우리는 자신에 관한 정보를 서서히 알려주어야 하고, 자신을 보호하는 데 언제나 신경을 써야 한다. 관계에 너무 일찍 '올인'하지 않는 법과 자신을 보호하는 법을 배워야 한다. 자신에 관한 정보를 너무 일찍 솔직하게 내보이면 화살이 되어 돌아온다.

독이 되는 인간은 충분한 정보를 얻게 되면 상대를 조종하기 시작한다. 상대의 불안이나 약점을 이용하는 게 가장 흔한 방법이다. 가해자가 불안이나 약점을 공략하는 이유는 뭘까? 관계에서 생기는 모든 갈등과 문제에 대한 책임을 생존자가 지게 만들려는 것이다. 사실을 이용하면 가해자의 독이 더 쉽게 퍼지고 잘 발견되지도 않는다. 스스로 성격의 결함이라고 생각하는 점에 대해 상대가 지적하고 불평하면 우리는 그 사람 말을 믿게 된다. 이것은 생존자에게 책임을 돌리고 가해자는 책임에서 완전히 배제되는 완벽한 함정이다.

회복 과정에서 거의 모든 생존자들이 혹시 가해자가 '멍청해서' 얼마나 큰 고통을 주는지 모르는 게 아닐까 하는 생각을 한다. 그러다가 생각을 바꿔 가해자가 자신이 하는 짓을 정확히 알고 있을지도 모른다고 생각한다. '가해자가 멍청한 건지 다 알고 그러는 건지' 아는 것은 생존자의 회복에 반드시 필요하다. 심리적 학대의 가해자들은 언제, 어디서 심리조종 게임을 중단해야 하는지 안다. 이들은 목표물이 절망하는 것을 보기 위해 어떤 감정적인 자극을 주면 되는지 정확하게 알고 있다. 또한 자신이 피해자인 것처럼 보이는 법도 알고 있다. 이런 사람이 자신의 행동이 남을 괴롭힌다는 걸 모를 정도로 '멍청한' 사람 같은가? 절대 아니다.

생존자가 가해자에게 부당함에 대해 말하려고 할 때 가해자가 가장 자주 쓰는 술책은 대답을 하지 않는 것이다. 아무 말도 하지 않는다. 완벽하게 침묵을 지킨다. 생존자가 왜 대답하지 않느냐고 물으면, 역으로 "난 당신이랑 싸우지 않을 거야"라고 말한다. 방금 무슨 일이 있었는지 이해되는가? 생존자는 분란을 일으키고 싸우려드는 사람으로 비난받았고, 독이 되는 인간은 자신의 행동에 대해 한마디도 언급하지 않았다. 가해자는 자신의 행동에 대해 언급하지 않으려고 온갖 노력을 다할 것이다. 가해자는 자신이 벌이는 심리 조종 게임을 정확하게 알고 있으며 그것이 효과가 있다는 것도 안다. 이들은 왜 달라지지 않으려 하는 걸까? 통제력과 재미, 그리고 게임을 즐기기 때문이다. 가해자는 가까운 이들을 꼭두각시 인형처럼 조종하고 있는 것이다.

나르시시스트, 소시오패스, 사이코패스는 상대가 자기 행동의 모순점을 지적하는 걸 싫어한다. 독이 되는 사람들은 문제를 일으키는 자기 행동을 숨기려고 애쓴다. 이들은 타인을 조종하면서 그 누구에게도 영향을 받지 않는 자신을 자랑스러워한다. 생존자가 가해자의 행동 패턴을 인식하기 시작하면 이들은 대개 방어적으로 나온다. 가해자는 주의를 딴 데로 돌리려고 "내 친구들은 나한테 이렇게 심술궂게 안 굴어," "좋은 배우자라면 이렇게 행동 안 하지," "성숙한 직원인 줄 알고 많은 걸 기대했는데" 같은 말을 할 것이다. 초점을 가해자에서 생존자로 바꾸려는 의도다. 심리적 학대의 가해자는 자신의 행동에 책임을 지지 않고 다른 사람에게 책임을 전가한다.

독이 되는 인간은 책임을 생존자에게 돌릴 때 '만약에'라는 말을 쓴다. 만약에 네가 민감하지만 않다면, 만약에 네가 용서한다면, 만약에 네가 질투만 하지 않으면, 그러면 관계가 괜찮을 수 있다는 말이다. 물론 사실이 아니다. '만약에'라는 말은 교묘한 형태의 학대다. 관계가 더 좋아지고 건강해지기를 가해자가 바라는 듯 들리기 때문이다. 실상 가해자는 갈등을 먹고산다. 가해자는 관계에 애착을 갖고 잘 유지하려는 마음이 없다. 가해자가 '만약에'라는 말을 하는 것은 교묘하게 생존자를 또 한 번 모욕하는 것이다.

독이 되는 사람들은 생존자를 이기적이라고 비난하기를 좋아한다. 생존자가 자기 자신을 위해 뭔가 좋은 일을 하려고 할 때 가해자는 이런 식으로 나온다. 즐거운 일을 망쳐버리려는 속셈이다. 생존자를 지치고 불안하고 혼란스럽게 만들려는 계산된 전략이다. 스스로를 보호하려는 생존자는 가해자에게 위협적인 존재다. 자신을 챙김으로써 생존자는 내면의 힘이 생겨 경계를 세우고 두려움을 떨쳐버릴 수 있다. 생존자가 즐거움을 누리지 못하게 방해하는 것은 일종의 세뇌 전략이다. 일상에서 고립되고 희망이 없어진다면 삶의 질이 심각하게 훼손될 것이다. 가해자 없이 즐거운 시간을 갖는 것은 이기적이라고 수치심을 준다면, 생존자는 즐거움을 누리는 데 대해 죄책감을 느끼게 된다. 학대에서 벗어나기 전 대부분의 생존자들은 가해자의 응징이 두려워 나가서 즐기지 못하는 경우가 많다. 회복 과정을 거치면서 이들은 가해자가 벌이는 게임을 알게 되고 생기 있는 삶을 만드는 데 주저하지 않게 된다.

심리적 학대를 가하는 자들은 상대가 실패하도록 함정을 만든다. 가해자는 생존자에게 문제가 있다며 망신을 주고 싶어한다. 어떻게 이런 일이 가능할까? 가해자는 잘못된 정보를 주고는 한발 물러서서 목표물이 미끼에 걸려드는 걸 지켜본다. 미끼에 걸려들면 생존자가 '잘못을 저질렀다'며 조롱하고 창피 주고 비난한다. 가해자가 생존자에 대해 퍼뜨린 소문을 더욱 강화하려는 속셈이다. 자신이 진짜 피해자인 것처럼 보이려는 의도도 있다. 독이 되는 사람들은 생존자를 함정에 빠뜨리기 위해 수많은 거짓말을 한다. 가해자는 주변 사람들 눈에 생존자가 나쁜 사람처럼 보이게 만들고 싶어 한다. 정상적인 사람은 가해자가 왜 그렇게까지 하는지 이해하기 힘들어 하지만, 실제로 그렇다. 이러한 사실을 믿지 않기 때문에 외부 사람들은 학대가 일어나는 걸 알아보지 못할 때가 많다. 현실을 파악하려면 세상에는 순진한 사람들에게 심리적인 해를 가하면서 즐거움을 얻는 악랄한 사람들이 있다는 사실을 받아들일 의향이 있어야 한다.

독이 되는 사람은 자기 잘못은 아무것도 없는 것처럼 보이려고 항상 경계 태세를 취한다. 예를 들면 실제로 사과를 하지도 않아 놓고 사과를 했다고 거짓 주장을 한다. 생존자가 가해자에게 왜 사람을 힘들게 해놓고 인정하지 않느냐고 물으면 "미안하다고 말했잖아"라고 답할 것이다. 실제로 가해자는 사과는 한 마디도 하지 않고 상황의 진위를 따지거나 생존자를 탓했을 것이다. 어쩌면 둘 다였을지도 모른다. 독이 되는 인간이 진심 어린 사과를 하는 일은 거의 없다. 사과를 한다는 것은 자신도 남들처럼 결점이 있는 인간임을 보여주는 증거이기 때문이다. 가해자의 망상에 가까운 거대한 자기 이미지는 보호되어야만 하는 것이다. 가해자는 자신이 항상 옳다는 착각에서 깨지 않기 위해 고군분투한다. 가해자가 어떻게든 사과를 한다면, 자신에게 유리한 말로 사과를 하는 건 아닌지, 뱅뱅 돌려가며 생존자를 혼란에 빠뜨리려고 하진 않는지, 이 두 가지 수법을 다 쓰고 있는 건 아닌지 유심히 들어야 한다. 가해자에게 진심에서 우러나는 후회란 있을 수 없다.

가해자는 자신의 행동이 상처가 된다는 걸 단호히 부인할 것이다. 가해자가 저지른 비정상적인 행동에 대해 정확히 설명하려면 시간도 많이 걸리고 애도 많이 먹는다. 가해자는 자신의 행동이 피해를 끼친다는 걸 잠시나마 인정할지도 모른다. 하지만 곧 이어 이를 부인하기 시작한다. 가해자는 "내가 당신한테 뭘 어떻게 했는데?" "내가 어떻게 당신 인생을 힘들게 만들었는데?" 같은 말을 잘한다. 심지어 생존자가 몇 시간이나 학대의 증거를 대고 난 뒤에도 이런 말을 한다. 여기서 요점은 뭘까? 심리적 학대를 가하는 자들은 결코 자신의 행동에 책임을 지지 않는다는 것이다. 가해자가 무슨 짓을 했는지 본인에게 알려주려고 노력하는 건 정말 헛수고다. 이들은 이미 자신의 행동을 알고 있으며, 그렇게 이기적이고 해로운 행동을 계속하기로 작정한 사람들이다. 따라서 본인도 알고 있다는 걸 절대로 인정하지 않을 것이다.

나르시시스트, 소시오패스, 사이코패스는 생존자를 무례하다고 비난하는 경우가 많다. 독이 되는 사람은 왜 이런 불평을 자주 하는 걸까? 과대하게 부풀려진 가해자의 자아가 아주 작은 의견 차이라도 엄청난 무례함의 신호로 받아들이기 때문이다. 생존자는 자신의 행동을 돌이켜보게 만드는 덫에 걸려들지 말아야 한다. 아무리 가해자의 의견에 동의를 해주어도 독이 되는 사람을 기쁘게 해줄 길은 없기 때문이다. 가해자가 생존자의 행동이 무례하다고 말하는 것은 사실이 아니다. 생존자는 학대에서 벗어나고 나서야 현실을 깨닫는다. 의견을 나누는 일반적인 대화를 무례함이라고 여기는 것은 가해자만의 생각이다. 이들은 자신만의 왜곡된 세상에서 살고 있다. 이 세상에서 이들은 왕이다.

그들은 절대
달라지지 않는다

나는 성격장애와 심리적 학대 치유에 관한 글과 방송을 많이 접한다. 성격장애에 대해 다양한 의견이 제시되고 있다. 어떤 이들은 정상적인 인간의 성격적인 결함으로 봐야 하는 범위가 있다고 주장한다. 의견 일치가 가장 힘든 애매한 영역이 나르시시즘인 것 같다. 소시오패스와 사이코패스의 공통점은 공감 능력이 극도로 부족하다는 점이다. 할리우드에서 성격장애가 있는 사람들을 소재로 다루기도 했다. 그중에는 성격장애를 제대로 반영한 캐릭터도 있고, 단순히 흥미 위주의 영화나 방송을 만들기 위해 탄생한 캐릭터도 있다.

여기서 잠깐, 아주 흔한 오해 한 가지를 정정하고 싶다. 성격장애는 조울증이나 우울장애와 같은 주요 정신질환과 구분되어야 한다. 최근에 나는 나르시시즘과 반사회적인 성격장애의 '장애'라는 부분에 대해 완전히 잘못 이해한 블로그 글을 읽고 얼마나 놀랐는지 모른다. 그 글에 따르면, 생존자가 나르시시스트, 소시오패스, 사이코패스에게 학대 행위를 책임져야 한다고 주장하는 것은 장애가 있는 이들을 차별하는 일이다. 정말로 이런 글이 쓰여 있었다. 이게 무슨 말도 안 되는 소리인가. 성격장애를 제대로 이해하지 못하고 쓴 글이다. 이런 내용이 온라인에 돌아다니면서 사실처럼 받아들여지고 있다. 성격장애는 DSM5(정신장애 진단 및 통계 편람)에서 여타 정신건강 문제와 다른 분야로 구분되어 있다.

조울증이나 자폐를 가진 채 태어날 수는 있지만, 성격장애는 선천적인 문제가 아니다. 성격장애는 어린 시절과 청소년기에 주양육자와 건강한 애착이 형성되지 못함으로써 발생한다. 유아기부터 청소년기까지 극심한 방임으로 인해 정상적인 사회 규범을 배우지 못한 것이 원인이다. 양육자가 아이를 고질적으로 감싸주는 환경이 원인이 된다. 이렇게 자란 아이들은 타인을 그저 자기 삶을 더 편하게 만들어주는 수단으로만 보게 된다. 이들에게는 일방적인 관계가 정상인 것이다. 지나친 응석받이로 자라면서 상호간에 즐거움을 누리는 관계를 경험하지 못한다. 대신에 이들은 타인을 자기 이익을 위해 이용한다. 자신이 이 세상에 존재하는 수십억 명 중 하나라는 사실을 인식하지 못하고 자란 것이다. 부모가 전달한 메시지는 이렇다. '너는 특별한 아이이니까 보통 사람들이 따르는 규칙에서 예외야.' 이런 메시지가 계속 전해지다 보니 아이는 독이 되는 사람으로 자란 것이다. 그렇게 자란 아이의 태도는 성인이 되어서도 이어진다. 성격장애를 가진 성인이 되어 어린 시절의 애착 없는 관계 패턴을 지속한다.

어린 시절과 청소년기에 감정적으로 방치되어 진정한 애착이 부족한 경우도 원인이 된다. 물리적으로 필요한 것은 충족이 되었겠지만 정서적인 방치가 있었을지 모른다. 가족 안에 깊숙이 자리 잡은 가식적인 관계처럼 말이다. 어떤 사람들은 이런 말을 들으면 성격장애를 가진 사람을 안타깝게 여긴다. 제발 그러지 마시라. 사랑 없는 가정에서 자란 사람들은 많다. 대부분은 공감 능력이 높고 타인을 배려한다.

그런데 독이 되는 사람은 다르다. 어린 시절 양육자가 자신에게 진정한 애착관계를 형성해주지 못했으므로 스스로 필요한 것을 충족할 수 있는 나이가 되면 무슨 수를 써서라도 '내 것을 챙기는' 게임을 하기로 마음먹는다. 이런 사람들은 자신에게 그만한 권리가 있다고 생각한다. 그렇게 양육되었기 때문이 아니라 삶이 자신에게 빚을 지고 있다고 보기 때문이다. 이들은 만족할 줄 모르는 습성을 갖고 있는데, 그로 인해 남들이 가진 것은 무엇이든 가지려고 한다. 이들은 남이야 어떻게 되든 상관하지 않고 사람을 이용한다. 이들의 삶 속에는 '주는 사람'으로 가득하고 자신은 '가져가는 사람'일 뿐이다. 그러니 자기 것만 챙기면 그만이지 뭘 신경 쓰겠는가.

애착 결핍이 가해자의 성격에 어떤 영향을 미쳤는가 하는 문제와 상관없이 이들은 자신의 자유의지로 해가 되는 행동을 계속해 나간 다는 게 핵심이다. 많은 사람들이 정서적인 필요를 충족시켜주지 못한 가정에서 성장했거나 문제가 될 정도로 오냐오냐 해주는 환경에서 자랐다. 어린 시절에 잘못 형성된 개념이 교정될 기회를 갖지 못한 채 어른이 되는 사람들이 있다. 그런 사람들이 건강한 어른으로 살기 위해서는 잘못된 믿음이라는 전선을 교체해야 한다. 성숙한 어른이 되려면 좋은 인간관계와 안정적인 양육이 필요하다. 수많은 사람이 책을 읽고 세미나와 상담에 참여하며 성장 과정의 상처를 치유하고 성장할 기회를 찾는다. 나르시시스트, 소시오패스, 사이코패스는 왜 이렇게 하지 못할까? 이들은 자신에게 아무런 문제가 없다고 스스로를 깊이 설득한 사람들이기 때문이다. 아무런 문제도 없단 말이다. 말로는 자신의 결점을 인정할지 모른다. 하지만 행동을 보면 자신에게 문제가 있으니 고쳐야 한다는 말과 일치하지 않는다. 아주 잠시나마 자각을 한 듯 보이지만 진짜 치유 작업은 이뤄지지 않는다. 핵심은 성격장애를 가진 사람들은 달라지기를 원치 않는다는 것이다. 이들이 살아가는 방식은 자신에게 잘 맞는다. 안 맞을 이유가 없지 않은가? 모든 게 다 자기 위주니까 말이다. 자기가 원하는 것, 자기가 필요로 하는 것, 자기 시간, 자기 목표…… 모든 것이 자기에게만 국한된다. 항상 이들의 요구와 기대에 맞춰 사는 게 생존자에겐 너무나 익숙하다.

성격에 결함이 있는 것과 성격장애가 있는 것은 굉장히 다른 문제다. 어떤 순간에는 우리 모두가 자기만 생각하거나 남을 이용하고 타인에게 짜증도 내고 아이에게 화를 내기도 하지 않는가? 어른이 돼서도 화가 나서 방문을 쾅 닫아버리거나 남들보다 자기보호를 우선시할 수도 있지 않은가? 물론 그렇다. 누구나 때로 정말 시시한 인간이 될 수 있다. 하지만 보통 사람은 '아이 같은' 모습을 보이고 나면 마음이 좋지 않다. 자신이 얼마나 형편없는 사람인지 깨닫고 남에게 화풀이한 것이 민망해진다. 미안하다고 사과도 하고, 마음으로 뉘우치기도 한다. 자신의 어리석은 행동을 되돌아볼 줄 아는 정상적이고 상식적인 인간으로 돌아오는 것이다. 나르시시스트는 이렇게 할 수 없다. 사이코패스와 소시오패스도 이렇게 할 수 없다. 이렇게 할 수 없고 하려고 하지도 않을 것이며 자아성찰을 원하지도 않는다. 이들은 항상 남을 비난하며 결코 달라지지 않는다. 뭐하러 달라지겠는가. 이들의 눈에는 남들에게 큰 결함이 있고 남들이 달라져야 하는데 말이다.

심리적으로
학대당하는
사람들의 공통점

앞에서 심리적 학대에 관해 살펴보았다. 여기서 잠시 학대의 생존자들에게서 발견한 점을 이야기하고 싶다. 보이지 않는 학대의 표적이 되는 이들에게는 몇 가지 공통적인 성격적 특성이 있는 것 같다. 긍정적인 부분도 있고 관리해야 할 부분도 분명 있다.

긍정적인 특징 중 하나로 높은 적응력을 들 수 있다. 많은 생존자들이 학대를 경험하기 전 자신의 성격을 '레몬으로 레모네이드를 만들어낼 수 있는' 사람이라고 묘사한다. 학대를 겪기 전 생존자들은 마음이 편하고 어려움을 극복해내는 밝은 사람이라는 말을 자주 들었다. 가해자가 생존자에게서 착취하는 것은 힘든 시기를 겪고 난 뒤 재기할 수 있는 능력이다. 가해자는 생존자가 정서적으로 망가지기를 기다리며 계속해서 압박한다. 혼란에서 회복하는 능력은 잘 관리하지 않으면 축복이자 저주가 될 수 있다. 비슷한 경험을 해보았는가? 당신의 강점이 당신을 치는 무기로 쓰인 적이 있었던가?

어떤 유형의 사람이 심리적 학대의 대상이 되는지에 대해 혼동하는 사람들이 있다. 어떤 형태의 학대이든 피해자가 애정 결핍이며 의존적이라서 가해자에게 인정과 사랑을 받지 않으면 못 산다는 고정관념이 있다. 이는 결코 사실이 아니다. 보이지 않는 학대의 생존자 대부분은 자존감과 회복탄력성이 매우 높은 사람들이다. 해로운 환경에 있는 동안 생존자의 핵심적인 특징이 얼마나 많이 변했는지 받아들이는 것이 치유의 중요한 단계다.

공동의존 성향과 높은 공감 능력이 같은 것인지 물어 보는 사람이 많다. 이 둘은 같지 않다. 어떤 점이 다를까? 공동의존은 두 사람 사이에 일어나는 건강하지 않은 얽힘이다. 한 사람이 상대에게 나쁜 선택을 하도록 만들 수 있는 관계에서 발생한다. 공동의존으로 인해 힘든 사람은 새로운 사고방식과 행동양식을 배우면 된다. 공감 능력이 높은 성격은 좋은 점이 많다. 다른 성격 유형과 마찬가지로 장점과 단점이 있다. 공감 능력이 높은 사람은 자신의 공감 능력이 스스로에게 해가 되지 않게 하는 법을 배울 필요가 있다. 타인에게 연민이 많은 사람은 경계를 설정해 그 정도를 조절해야 한다. 심리적 학대를 가하는 자들은 공감 능력이 높은 사람이 자신의 장점이라고 여기는 바로 그 부분을 이용한다. 회복 과정에서 많은 생존자들이 자신의 높은 공감 능력을 확인한다. 자신의 장점을 가해자가 악용했음을 알게 된다.

생존자들에게서 공통적으로 볼 수 있는 성격적 특징으로 자아성찰 능력을 들 수 있다. 일반적으로 대부분의 생존자들은 자신의 행동과 동기를 비판적인 시각에서 바라볼 수 있다. 이들은 자신의 성격적 결함을 고칠 의향도 있다. 생존자의 이런 장점을 가해자가 착취하는 것이다. 독이 되는 사람은 생존자에게 퍼부은 비난이 생존자를 깊게 관통한다는 걸 알고 있다. 생존자가 그 말이 사실인지 내면을 들여다보며 성찰하게 만드는 것이다. 주의를 딴 데로 돌리는 꽤 영리한 전술이다. 정작 자아성찰이 필요한 사람은 심리적인 학대를 가하는 사람이지만 그런 일은 절대 없을 것이다.

정말 인내심이 강한 사람도 독이 되는 환경에 있으면 좋지 않은 행동이 나오게 된다. 생존자는 자신의 평소 성격과 다르게 행동하게 된다. 이런 변화는 환경이 건강하지 못하다는 위험신호일 수 있다. 안타깝게도 생존자의 행동이 달라지면 가해자가 퍼뜨리는 험담은 더욱 힘을 얻는다. 예를 들어 가해자가 매우 해로운 짓을 해서 이목이 집중되었다고 치자. 생존자가 화를 내며 반응한다. 이제 초점은 생존자에게 쏠린다. 긴장을 유발한 가해자의 행위에 초점이 맞춰져야 하지만 생존자의 반응에 다들 주목하는 것이다. 이는 독이 되는 사람이 책임을 남에게 돌리는 흔한 수법이다. 생존자는 가해자와 연락을 하지 않거나 감정적으로 거리를 두고 건강하지 않은 환경이 야기하는 문제에 대한 대처 방안을 마련해야 한다. 이렇게 통제력을 갖게 되면 자존감을 되찾는다. 가해자가 당신의 행동에 대해 끊임없이 불평하고 있다면 더 이상 맞추려고 애쓰지도 말고 낙담하지도 말라. 당신은 최선을 다했을 테니 말이다. 회복의 6단계를 통과하면서 당신이 겪은 일에 대한 이해도가 높아질 것이고 인식 또한 달라질 것이다.

어떤 생존자들은 가해자의 부정적인 특징을 그대로 따라 하기도 한다. 갑자기 대화를 멈추고 대답을 하지 않은 채 침묵을 유지하는 식이다. 가해자가 자신을 이렇게 대했을 때 깊은 상처를 받았기 때문이다. 이 행동이 얼마나 충격을 주는지 가해자에게 보여주려 하지만 헛수고다. 입장이 바뀐다고 해서 가해자가 달라지지는 않는다. 가해자는 자신이 남에게 하는 행동은 정당하다고 생각하기 때문이다. 반면 본인은 좋지 않은 대우를 받아서는 안 된다고 생각하는 이중 잣대를 갖고 있다. 그러므로 가해자와 건강한 거리를 두고, 자신에게 충실한 편이 훨씬 낫다.

생존자들은 심리적 학대를 자세히 언급할 때 "바보같이 들리겠지만," "큰 일이 아니라는 건 알지만"과 같은 말로 시작하는 경우가 많다. 그리고 나서 심리적 학대의 특성을 완벽히 보여주는 사건을 이야기한다. 어떤 사건이나 특정한 순간 자체는 큰 의미가 없을지 모른다. 그러나 그동안에 있었던 많은 사건을 엮어 놓기 시작하면 삶이 항상 가해자 중심으로 돌아가는 패턴이 확연히 드러난다. 수백 개의 작은 점으로 이루어진 그림과 다를 바 없다. 가까이 다가가 한 개의 점에 눈길을 두면 전체를 보지 못한다. 모든 점 혹은 학대의 순간 전체를 본다면 무엇이 보일까? 가해자가 만들어 놓은 그림은 어떤 것인가? 아마 벽에 걸어놓고 매일 쳐다보고 싶은 그림은 아닐 것이다.

　심리적 학대를 알아보기가 힘든 경우도 있다. 행동을 어떤 각도에서 보느냐에 따라 학대일 수도 정상일 수도 있기 때문이다. 예를 들어보자. 독이 되는 사람이 상대를 괴롭히기 위해 침묵을 이용할 때 생존자는 가해자의 의도를 잘못 파악하기 쉽다. 가해자가 논쟁을 원하지 않거나 잠시 생각할 시간이 필요한 거라고 말이다. 가해자는 상대가 자신의 독이 되는 행동을 별것 아니라고 여기기를 바란다. 생존자는 가해자를 이해하려고 애쓰지 말아야 한다. 그게 자신을 위하는 길이다. 생존자에게 꼭 물어보고 싶은 말이 있다. 당신이 대우받은 것처럼 다른 사람을 대하겠는가? 아니라고 답한다면 학대 관계라고 볼 수 있다. 부정하지 말라. 진실을 보는 일은 고통스럽지만 반드시 필요하다.

2장

상처를 회복하는
6단계 프로그램

1단계 절망

깊은 슬픔

　많은 생존자들이 심리적 학대에서 회복하기 위해 처음 상담을 시작할 때 자신이 학대당했다는 사실조차 알지 못한다. 대부분 삶을 감당할 수 없어서 해답을 찾으려고 상담을 시작한다. 가해자가 자신에게 한 짓이 무엇인지 완전히 이해하지 못하는 경우도 있다. 상담 초기에 생존자들은 대부분 감정적인 혼란을 겪고 불안해하며 우울하거나 자살 성향이 있다. 이런 증세가 모두 있거나 다른 모습을 보일 때도 있다. 상담의 시작은 이들의 안전을 도모하는 것이다. 내담자가 자해하지 않도록 조치를 취해야 한다. 안전 문제가 해결되면 생존자가 느끼는 절망에 대해 알아보는 작업을 시작한다. 회복의 첫 단계에서는 두려울 수도 있다. 다행히도 몇 단계를 거치면 희망이 보이기 시작한다.

　새로운 내담자를 만나 가장 먼저 해야 할 일은 내담자의 자해 위험도를 알아보는 것이다. 직설적으로 표현하면 이렇다. 심리치료사로서 나는 새로운 내담자가 자살 시도를 할 가능성이 있는지 여부를 알아내야 한다. 심리적 학대는 삶을 완전히 바꿔놓아 생존자는 심각하게 깊은 우울에 빠지기도 한다. 생존자는 자신이 꼭두각시 인형이 되어 가해자에게 교묘하게 놀아났다는 사실을 아직 모른다. 더 이상 그렇게 살 수 없다는 것만 인식하고 있다. 맞다. 당신은 꼭두각시였다. 하지만 자살이 답이 되어서는 안 된다. 절대로 안 된다. 자신을 해할 것 같다는 생각이나 느낌이 들어 두렵다면 내가 내담자들에게 권하는 방법대로 해주기 바란다. 누군가에게 솔직하게 이야기하는 것이다. 친구나 심리치료사에게 이야기하거나, 119에 전화를 하거나, 가까운 응급실에 가서 도움을 받으라. 자살 사고에서 벗어나기 위해 할 수 있는 일이 많이 있다. 자신에게 필요한 보살핌을 받았으면 한다. 가해자 때문에 누군가가 스스로를 해한다면 치유 커뮤니티에 깊은 고통이 스민다. 우리는 모두 함께 치유 여정을 걷고 있는 중이다.

학대를 알아차리는 것이
치유의 시작이다

새로운 내담자가 자해를 할 위험이 없다는 걸 확인하고 나면 절망적인 느낌에 대해 알아보는 작업에 들어간다. 내담자에게 정확히 무슨 일이 일어난 건지 함께 풀어나가는 과정이다. 내담자들의 이야기는 모두 다르지만 놀라울 정도로 유사한 부분이 있다. 나중에 2장(교육)에서 생존자들의 이야기가 어떤 점에서 비슷한지 알게 될 것이다. 앞서 언급했듯이 치유 커뮤니티 사람들이 자주 하는 농담 중에 학대 가해자를 위한 지침서가 있는 것 같다는 말이 있다. 가해자들은 하나같이 남을 의심할 줄 모르는 사람들을 대상으로 지저분한 속임수를 쓰면서 게임을 하는 법을 배운 것 같기 때문이다.

새로운 내담자를 만나면 나는 늘 상담을 받으려고 하는 이유를 물어본다. 다른 심리치료사에게 상담을 받으면 어떨까 하는 이야기도 한다. 나를 찾아오는 모든 사람이 나와 잘 맞을 거라고는 생각하지 않기 때문이다. 예약을 하고 나를 찾아오는 모든 사람과 심리치료 과정을 시작하지도 않는다. 첫 번째 세션은 고객과 내가 삶을 보는 철학과 성격 측면에서 잘 맞을지 알아보는 데 도움이 된다. 만약 잘 맞지 않을 것 같다면 다른 심리치료사를 소개해준다. 심리치료사를 만나봤는데 잘 맞지 않았다면 다른 사람을 계속 찾아보라. 심리적 학대에서 치유되는 과정은 매우 복잡한 여정이다. 가능하다면 혼자서 하지 않기 바란다. 이 책을 쓰는 이유도 독서 모임을 활성화시키고 싶어서다. 안전한 환경에서 회복의 6단계를 거치는 동안 생존자들은 서로에게 위안이 되어줄 것이다.

새로운 내담자를 만나면 질문할 게 많다. 이야기를 듣다가 말을 멈추게 하기도 한다. 상담 세션 중에 이런 상황이 처음 생길 때는 바로 양해를 구하고 이유를 설명한다. 대화 중에 자주 말을 끊는 이유는 내담자가 묘사하는 상황에서 패턴을 찾아내기 위해서다. 내담자가 말을 멈추지 않고 자신의 이야기만 계속하면 보이지 않는 심리적 학대의 특성을 파악하지 못하게 된다. 이런 형태의 학대가 음흉한 이유는 독이 되지 않는 정상적인 관계와 학대적인 관계에서 생기는 문제를 구별하기가 쉽지 않기 때문이다. 처음에는 독이 되는 관계라도 대부분 정상으로 보인다. 회사 동료와의 불화, 가족 간의 다툼, 친구나 사랑하는 사람과의 불협화음은 생기기 마련이다. 아무도 여기에 이의를 제기하지 않을 것이다. 하지만 정상적인 관계에서 겪는 문제와 생존자의 삶을 망가뜨리는 학대는 엄연히 다르다. 그 두 가지를 구별할 수 있을 때 심리치유 작업이 시작된다.

상담을 받으러 오는 생존자들 대부분은 매우 지친 상태다. 절망의 정도는 광범위하다. 자신이 왜 그런 취급을 당했는지 혼란스러워하는 사람부터 감정적, 신체적으로 안정을 찾기 위해 즉시 병원 치료가 필요한 경우까지 있다. 대부분은 이 둘 사이 중간 어디쯤에 자리한다. 모든 생존자의 공통점은 가해자와 관련된 상황과 대화를 머릿속으로 반복해서 재생하는 것이다. 자신이 왜 그렇게 형편없는 취급을 받았는지 이유를 찾고 싶기 때문이다. 심리적 학대로 인한 혼란은 이해하기가 정말 힘들다. "그 사람 어딘가 잘못된 것 같아요. 나도 완벽하진 않지만 사람을 이렇게 취급하지는 않아요. 정상적인 사람은 이런 식으로 행동 안 해요." 나는 이런 말을 자주 듣는다. 맞는 말이다. 정상적인 사람은 심리적인 학대를 가하는 사람처럼 독이 되는 게임을 벌이지 않는다. 그런데도 생존자는 초기에 자신을 탓한다. 정말 슬픈 아이러니다.

절망 단계에서 생존자는 자신에게 무슨 문제가 있는 건지 궁금해 한다. '내가 달라지면 이 관계가 좋아질까?' '나는 왜 이 상황을 극복할 만큼 강하지 못한가?' '나는 왜 모든 게 엉망진창일까?' 이런 질문을 한다. 가해자가 정말 좋아하는 말이다. 가해자는 생존자가 자기혐오와 자기회의에 빠지기를 원한다. 자신을 혐오하는 생존자는 정말로 문제가 되는 사람이 누구인지 알아차리고 변화를 만들어낼 수 없다. 진실이 은폐되는 것이다. 독이 되는 사람이 좋아하는 게 이거다. 주변 사람들에게 파괴적으로 피해를 입히면서 자유롭게 통치를 하는 것.

끝까지 자신에게 문제가 있고 자신이 형편없는 사람이라고 믿는 생존자는 보이지 않는 학대를 절대 알아차리지 못한다. 원치 않아서가 아니라 잘못된 곳에서 해답을 얻으려 하기 때문이다. 심리치료는 가해자가 생존자의 의식과 무의식에 심어 놓은 거짓말을 내다버리게 해준다. 심리적 학대에 눈뜨는 과정은 가볍게 여길 수도, 없어서도 안 되는 단계다. 이 단계를 거치지 않으면 가해자가 심어놓은 거짓말이 생존자의 내면에서 반복해서 재생되고, 가해자와 더 이상 접촉하지 않아도 오랫동안 생존자를 정신적으로 그 안에 가둬 놓는다. 가해자가 가족이건, 회사 사람이건, 친구건, 종교 지도자건 마찬가지다. 심리적 학대에서 회복하려면 생존자는 거짓과 속임수를 알아차려야 한다. 당신은 학대를 경험하면서 어떤 거짓말을 들었는가?

상담 세션에서 "더 이상 못하겠어요"라는 말을 자주 듣는다. 나는 이 말에 힘이 있다고 생각한다. 이는 변화가 일어날 조짐으로 보아야 한다. 관계를 지속할 수 없고, 회사를 더 이상 다니지 못하겠다고 느낄 때, 일방적인 친구 관계를 더 이상 유지하기 힘들고, 강압적이고 해가 되는 배우자 때문에 힘들 때, 가족이 말도 안 되는 의무를 부과할 때, 결국은 감정적인 과부하 때문에 힘들다고 느끼는 것이다. 정도의 차이는 있지만 우리 모두에게 감정적인 수용력이 있다. 감정적인 수용력이 높은 이들은 인내력이 뛰어나 학대적인 환경에 더 오래 머무는 성향이 있다. 그리 좋지 않은 현상이다. 한편 감정적인 수용력이 높은 생존자는 치유되고 회복되기가 조금 더 수월하다. 학대를 가하는 사람을 상대할 때는 생존자의 장점이 양날의 검이 될 수 있다.

어떤 것을 더 이상 하지 못하겠다고 느끼는 지점에 도달하는 건 나쁘지 않다. 놀랄 정도로 강한 사람들이 '더 이상 못하겠다'는 지점에 도달한 뒤에 의미 있는 삶의 변화를 이뤄내는 모습을 여러 차례 지켜보았다. 이것이 회복의 1단계가 절망이라고 불리는 이유다. 1단계는 종종 깊은 슬픔이라고 묘사된다. 영혼의 슬픔이다. 때로는 설명하기도 힘들 정도로 소진되어 버린다. 이런 경험이 있다면 어떤 느낌인지 내면 깊숙이 알고 있을 테다. 아무리 잠을 자도 지치고, 멍이 든 영혼에게는 그 무엇도 위안이 되지 않는다.

1단계에서는 바닥을 치고 난 뒤 변화가 일어날 것인지, 아니면 단지 일시적으로 힘든 것인지를 파악하는 게 과제다. 똑같은 학대를 몇 번이나 더 겪을 것인가? 맞지 않는 길을 억지로 걸어갈 수 있을지는 몰라도 이 때문에 신경계나 신체 건강에 이상이 생길 수도 있다. 나는 육체와 정신이 연결되어 있다고 강하게 믿는다. 자신에게 해로운 길을 계속 가면 결국 건강과 행복을 잃어버린다. 피할 수 없는 일이다. 나는 내담자가 심리적 학대로 인해 신체적, 감정적으로 쇠약해지는 걸 봐왔다. 신체적인 기능이 저하되기 시작하면 생존자는 누구를 위해서, 무엇을 위해서 살 것인지 결정해야 한다. 심하게 독이 되는 가해자는 어떤 식으로든 생존자에게 해를 입히고 심지어는 완전히 망가뜨린다. 물론 가해자는 아무런 거리낌도 없다.

심리치료사로서 나는 직설적인 편이다. 뱅뱅 돌려 말하지 않고 하기 힘든 대화라도 피하지 않는다. "당신 자신을 선택할 건가요 아니면 가해자를 선택할 건가요?"라는 질문을 많은 사람들에게 해보았다. 1단계에 있는 사람들 대부분은 솔직히 모르겠다고 대답한다. 그래도 괜찮다. 1단계는 큰 결정을 내리는 시기가 아니다. 이 단계에서는 가해자와 연락을 끊어도 오래가지 못한다. 얼마 지나지 않아 다시 학대적인 관계로 돌아가고 만다. 그렇다 해도 괜찮다. 올바른 결정이라는 확신이 들기 전에는 큰 결단을 내리지 않는 게 좋다고 생각한다. 확신이 없는 상태에서 선전포고를 하면 실행을 제대로 못하고 만다. 생존자가 오락가락하면 가해자는 생존자를 완전히 통제하고 있다는 믿음을 더 강하게 갖는다. 아무리 강한 사람이라도 가해자의 감정적인 속박 하에 있으면 흔들릴 수밖에 없다.

생존자가 말하는 '예전의 내 모습'을 들어보면 학대 받기 전의 모습이 현재 거의 남아 있지 않은 경우가 많다. 예전의 모습은 완전히 사라지고 현재의 고통에 깊이 잠식된 경우도 있다. 절망 단계는 처참하다. 이 단계에서 생존자는 가해자가 야기한 혼란 때문에 직장을 잃기도 한다. 어떤 내담자들은 신체적, 정서적 안정을 찾기 위해 입원하기도 한다. 생존자 내면의 극심한 고통을 누구도 알지 못하기에 매우 외로운 시기이기도 하다. 생존자 중에는 심리적 학대로 인해 망가진 자신을 정말로 잘 감추는 사람들도 있다. 안으로 삭이면서 아무도 모르게 혼자 고통스러워한다. 독이 되는 사람들이 제일 좋아하는 태도다. 고립된 피해자는 조종하기가 쉽기 때문이다. 오직 상담에서만 자기 삶에 어떤 일이 일어나고 있는지를 이야기하는 사람들이 많다. 내게 진실을 말해 주어 정말 감사하고 겸허한 마음이 든다.

자신의 상처를 외부에 숨겨야 하는 이유는 여러 가지가 있다. 유명한 사람과 결혼해 학대가 알려졌을 때 있을 사회적 파장을 너무나 잘 알고 있기 때문일 수도 있다. 대중이 성자라고 생각하는 사람이 집에서는 끔찍한 부모라고 말하면 누가 믿겠는가? 심리적 학대의 가해자가 교회 지도자나 목사라고 하면 믿을 사람이 얼마나 있을까? 아무도 이를 심각하게 여기지 않을 텐데 말을 해서 뭐하나? 직장에서 감정적인 착취를 당해도 열심히 노력해서 들어간 탄탄한 직장을 그만두려 하지 않는 생존자들도 있다. 매일 절망 속에서 꾸역꾸역 살아가는 것이다.

한 발짝만
내딛어보자

어떤 이유로든 회복의 첫 단계에 있다면 시작한다는 게 중요하다. 회복 프로그램은 대개 '하루에 한 가지씩'이라는 모토로 진행된다. 나 역시 그렇게 생각한다. 오늘은 이 정도면 됐다. 오늘은 한 발짝 더 나아가기 위해 해볼 수 있는 게 뭐가 있을까? 오늘은 내 삶을 조금 정돈하기 위해서 어떤 결정을 내려야 할까? 조금이면 된다. 아무도 당신이 완벽할 거라 기대하지 않는다. 그러니 제발 치유 과정을 서두르지 말기 바란다. 몸에 상처가 났을 때 적절한 조치를 취하고 상처를 건드리지 않으면 차츰차츰 낫는다. 감정 치유라고 해서 다르지 않다. 앞으로 남아 있는 회복의 5단계를 함께 걷는 동안 치유에 필요한 적절한 환경을 만들게 될 것이다. 조금씩! 한꺼번에 많은 걸 하려다가 원점으로 돌아가지 않게 말이다.

여기서 잠시 막대 자를 한번 살펴보자. 서랍에 있는 자를 꺼내거나 핸드폰으로 자 사진을 찾아보라. 막대 자를 보면서 1센티미터에서 30센티미터로 한 번에 뛰어넘지 않기로 마음먹는다. 1단계에 있는 동안에는 막대 자의 작은 검정색 선만큼 성장하면 된다. 한 번에 조금씩 변화를 주다보면 절망에 빠진 생존자도 결국엔 6단계(유지)에 도달하게 된다. 당신보다 먼저 치유 여정을 지나온 사람들이 많이 있다. 혼자만의 경험이 아니다. 당신도 할 수 있을까? 물론 할 수 있다. 치유라는 목표에 서서히 도달하려는 의지가 있다면 해낼 것이다. 함께 풀어야 할 근본적인 과제가 많다. 천천히, 그리고 꾸준히 가는 것이 최선의 방법이다.

상담을 하다보면 생존자 대부분이 "독이 되는 사람이 제가 아니라는 걸 어떻게 아세요?"라는 질문을 한다. 타당한 질문이지만 보이지 않는 학대가 남긴 자기 의심을 드러내는 질문이기도 하다. 심리적 학대에 대해 잘 알고 있는 심리치료사라면 생존자가 하는 이야기를 주의 깊게 듣고, 음성 메시지나 이메일, 문자 메시지에서 학대 정황을 파악할 것이다. 정황을 살펴보면 사실을 왜곡하고 혼란을 야기하는 자가 누구인지 아주 명확해진다. 심리적 학대의 교묘한 특성으로 인해 생존자는 자신을 의심하지만, 치유 과정에서 자신감을 찾게 된다.

회복의 초기 단계에서 생존자들은 가해자를 두고 '완전히 다른 두 명의 인간'이라고 말한다. 좋은 사람이면서 학대를 하는 사람이라는 의미이다. 이런 인식은 치유를 방해한다. 독이 되는 인간은, 가끔씩 힘들게 하지만 근본적으로 사랑이 많은 사람이 절대 아니다. 악랄한 사람 그 자체다. 가끔 좋은 순간도 있긴 하다. 생존자는 독이 되는 인간의 행동을 구분하려는 마음을 떨쳐내고 전체를 보아야 한다. 당신의 건강과 행복에 해가 되는 사람으로 말이다. 가끔 있는 괜찮은 순간은 생존자의 회복을 지연시키고 혼란스럽게 만든다. 부정적인 느낌에 집중하거나 억울한 마음을 가지라는 게 아니다. 가해자를 볼 때 전체 그림을 보라는 말이다. 조각그림을 맞출 때처럼 한 번에 한 조각만 보면 안 된다. 전체 퍼즐을 맞추고 한발 물러서서 진짜 그림이 뭔지 봐야 한다.

절망 단계에서 생존자가 자신을 위해 할 수 있는 일은 분노를 억제하지 않는 것이다. 생존자들은 짜증과 화, 심한 분노까지도 참으려고 하는 경우가 많다. 왜 그럴까? 좋은 사람은 화를 참을 수 있어야 한다는 생각 때문이다. 분노를 참으면 문제가 더 심각해질 수도 있다. 가해자에 대한 분노를 변화의 원동력으로 삼아야 한다. 지속적으로 회복의 길을 걸어가려면 자신이 그동안 어떻게 살아왔는지 상기시켜주는 시각적인 자료가 필요하다. 온라인에 보관된 자료나 사진, 메시지에서 진실을 발견하는 사람들이 많다. 이런 자료를 보면 가해자가 그동안 무슨 짓을 했는지 분명해지고, 혐오감이 되살아난다. 이런 에너지가 생존자로 하여금 건강해지기 위한 노력을 계속하게 만든다. 현실을 직시하지 못하면 치유되지 않는다. 공상에 빠져 있으면 회복에 역효과가 난다. 지친 영혼은 직면하기 어려운 진실을 반드시 마주보아야 한다. 현재의 상황을 변화시키고자 하는 의욕이 생기려면 말이다.

2단계 교육

가해자들이 쓰는 수법

심리적 학대는 정말 은밀해서 제대로 파악하기 어렵다. 가해자의 전술은 학대를 감추고 통제력을 확고히 유지하는 것이다. 피해자가 자신에게 일어난 일을 설명할 수 없다면 회복 과정을 시작할 수 없다. 회복의 2단계에서는 가해자들이 공통적으로 쓰는 방법을 배운다. 다음에 나오는 용어가 무슨 뜻인지 알아두어야 한다.

- 가스라이팅(Gaslighting)
- 인신공격(Smear Campaign)
- 플라잉 멍키(Flying Monkeys)
- 자기애적 공격(Narcissistic Offense)
- 간헐적 강화(Intermittent Reinforcement)
- 이상화, 평가절하, 버리기 단계(Idealize, Devalue, and Discard Phases)

다른 용어들도 있지만 2단계에서는 우선 내가 정리한 용어부터 알아보기로 하자.

가스라이팅? 플라잉 멍키? 처음 듣는 사람들은 무슨 뜻인지 도무지 감이 잡히지 않을 것이다. 용어 뜻을 알고 나면 당신이 겪은 일이 무엇인지 분명히 알게 된다.

가스라이팅, 피해자가 스스로를 믿지 못하도록 세뇌시킨다

가스라이팅이라는 말이 있다. 1940년대에 비슷한 제목의 영화가 있었다. 남편이 아내를 '미친' 사람처럼 보이게 만드는 내용이다. 아내를 불안정한 사람으로 만든 이유에 대해서는 스포일러가 될 테니 언급하지 않겠다. 다만 남편이 아내의 삶을 갈기갈기 찢어 놓고 스스로를 믿지 못하게 만들었다는 정도만 알려주겠다. 이때 사용된 세뇌 기법이 있는데 이것을 가스라이팅이라고 부른다.

가스라이팅에서 가해자는 상황을 조작해 상대가 자신의 기억과 판단력을 의심하게 만든다. 생존자가 자신에 대한 확신을 잃고 삶의 주도권을 가해자에게 넘겨주도록 만들려는 것이다. 가해자에게 세뇌당해 자신을 신뢰할 수 없게 된 생존자가 어떻게 스스로 살아가겠는가? 가해자가 노리는 게 바로 이거다. 예를 들어 보겠다.

- 당신은 배우자가 한 말이 당신에게 얼마나 큰 상처가 되었는지 설명하려고 한다. 배우자는 당신이 하는 말은 듣지 않고 당신이 하는 말의 일부분만 똑같이 되풀이한다. 다시 설명해준다. 이번에도 배우자는 대화의 일부분에만 답변한다. 이런 식으로 되풀이되면서 애초에 당신이 이야기하려고 했던 문제에서 벗어난다. 결국 배우자는 근엄하게 "당신이 한 말도 기억 못하면서 제대로 된 대화를 어떻게 할 수 있겠어?"라고 말한다. 당신은 사과를 한다. 그 말이 사실이기 때문이다. 당신은 대화 중에 길을 잃었고 당신 배우자는 그렇지 않았다. 당신한테 무슨 문제가 있는 게 틀림없다.

- 중요한 서류를 책상 위에 올려놓았다. 나중에 회의에 가져갈 작정이었다. 서류를 챙기러 가보니 사라지고 없다. 책상을 다 뒤지고 사무실 곳곳을 살피기 시작했다. 독이 되는 동료가 지나가다가 뭘 찾고 있냐고 묻는다. 상황을 설명한다. 동료는 "아, 복사기 옆에서 이거 찾았어요"라며 서류를 건네준다. 당신은 복사기 쪽으로 서류를 가지고 간 기억이 전혀 없기에 매우 혼란스럽다. 동료는 당신의 혼란스러운 표정을 보고 "뒤치다꺼리해줄 사람이 있어서 참 다행이지?"라고 말한다. 동료에게 고맙다고 말하고 돌아서는데 제 역할을 못하고 있는 자신이 한심하게 느껴진다. 세상에, 중요한 서류를 어디다 뒀는지도 기억 못하다니.

• 독이 되는 시어머니는 남편의 예전 여자 친구들과 얼마나 가깝게 지냈는지 자주 이야기한다. 아직도 집에 놀러 와서 저녁을 먹고 가는 사람이 있다. 시어머니가 딸처럼 여기는 사람이라고 한다. 남편이 그 여자와 결혼하지 않아서 서운하다는 마음을 숨기지도 않는다. 당신과 시어머니 사이에 긴장이 감돈다. 계속 그 여자 이야기를 하는 게 불쾌하지만 초연해지려 노력한다. 남편이 결혼 상대자로 선택한 사람은 당신이지 그 여자가 아니라고 속으로 되뇐다. 남편과 시댁 식구들과 함께 갑자기 외출할 일이 생겼는데 입을 옷이 마땅치 않다. 걱정할 필요 없다. 시어머니한테 좋은 생각이 있으니 말이다. 시어머니는 손님방 옷장을 열고 원피스를 꺼낸다. 당신이 입기엔 너무 작아 보이는 옷을 들고는 "이 옷 맞을 것 같은데. 그 애가 입던 거다"라고 교활하게 말한다. 그 애라니. 시어머니가 그리도 좋아하는 남편의 전 여친이다. 시어머니가 남편의 옛날 여자 친구 옷을 손님방에 보관하고 있다니, 그리고 그 옷을 나더러 입으라고 하다니, 말문이 막힌다. 남편도 이 상황을 이상하다고 여기지 않는 걸 보니 어안이 벙벙하다. 당신은 이 모든 상황이 정말 불편하다. 하지만 남편과 시어머니는 완벽히 정상이라고 생각한다. 뭐가 문제인가? 어쩌면 당신은 정말로 속 좁고 자신 없는 사람일지 모른다. 그냥 원피스일 뿐이다. 원피스가 너무 작은 거다. 시어머니는 당신 마음을 상하게 할 의도는 없었다. 아니, 의도한 것이었을까?

- 당신은 성공이 사람의 가치를 측정하는 유일한 기준이라고 들으면서 자랐다. 무슨 일을 하든 언제나 성공해야 한다는 무언의 규칙이 있었다. 성공하지 못하면 가족이 망신을 당한다는 노골적인 말도 들었다. 당신은 모든 분야에서 완벽을 추구했다. 학교 다닐 때 아주 큰 상을 받은 적이 있었다. 부모님께 보여드리면 얼마나 자랑스러워하실까 하는 생각에 엄청 신이 났다. 부모님께 상 받았다고 빨리 알려드리고 싶었다. 들뜬 마음으로 소식을 전했을 때 부모님은 우두커니 당신을 바라보며 "우리가 너를 그렇게 건방지게 키웠더냐! 상 못 받은 네 형도 생각해야 한다는 거 몰라? 가족 중에 네가 제일 중요한 사람인 줄 알아?!"라는 말을 한다. 예의 없이 굴 생각은 아니었다. 형 생각은 못했으니 어쩌면 당신은 건방진 놈인지도 모른다. 그까짓 상을 받으려고 맨날 열심히 공부했다는 게 뭐가 그리 대수라고. 당신 부모님 말이 맞다. 당신은 지나치게 자기만 생각한다.

- 당신은 교회 직원이다. 독이 되는 목사가 당신을 사무실로 부르고는 문을 열어 놓으라고 말한다. 목사는 낮고 엄한 목소리로 이야기하며 당신의 눈을 계속 바라본다. 목사는 당신이 저지른 행정적인 실수에 대해 말하기 시작한다. 실수하지 않았다고 말하려고 하자 목사는 손을 당신 얼굴 쪽으로 들어 올리고 "변명 그만해"라고 말한다. 목사는 더 가까이 다가와 눈을

들여다보며 "죄송하다는 말을 해야지"라고 한다. 당신은 웅얼거리며 사과하고 방을 나와서는 떨고 있다. 당신은 나중에 교회 지도자에게 이 사건에 대해 이야기한다. 진위 여부를 묻자 독이 되는 목사는 문이 열려 있었고, 사무실 밖에 사람들이 앉아 있었다(실제로 그랬다)고 대답한다. 그리고 당신은 목사의 리더십을 충실하게 따르지 않는 불손한 사람이라고 단호하게 말한다. 목사는 당신을 반항적이라며 비난하고 당신이 교회 직원으로 일하는 게 적절한지 공개적으로 심문한다. 당신은 하루 종일, 그 후로 며칠 동안 자신이 교회에서 근무하기에 적절한 사람인지 의심하며 지낸다.

가스라이팅 예에서 볼 수 있듯이 심리적 학대는 파악하기 정말 어렵다. 보이지 않는 학대라고 불리는 이유가 있는 것이다. 가해자는 가스라이팅 기법을 사용할 때 상대의 자아존중감을 무너뜨리기 위해 감정적으로 피폐하게 만든다. 가해자는 자기가 하는 짓을 정확히 알고 있다. 가해자는 생존자가 남들 눈에 옹졸한 사람으로 보이기를 원한다. 생존자가 자신을 의심하고 현실 감각을 잃기를 바라는 것이다. 생존자가 무너져 더 쉽게 통제하고 비웃을 수 있기를 바라는 사람이 가해자다.

인신공격, 피해자를
고립시키기 위한 전술

목표물이 스스로를 의심하고 혐오하도록 만들지 못했을 때 가해자는 목표물의 평판에 흠집을 내려고 인신공격을 한다. 인신공격은 목표물을 고립시켜서 '도움'을 요청할 사람이 가해자밖에 없게 만들거나, 가해자가 목표물을 대하는 태도가 정당하다는 걸 입증하려는 시도다. 이 두 가지를 다 얻고자 하는 경우도 있다.

계산적인 인신공격이 어떻게 이루어지는지 다음의 예에서 살펴보자.

- 동료가 중요한 회의 직전에 서류를 당신 책상에 올려놓았다고 말한다. 하지만 당신은 서류를 찾을 수가 없다. 책상을 다 뒤져도 없다. 긴장한 채 회의실로 들어가 보니 독이 되는 동료가 손에 서류를 들고 있다. 왜 그걸 내 책상에 두었다고 말했는지 물으니 동료는 그런 말 한 적이 없다고 조롱하듯 말한다. 동료는 회의실에 있는 중역들을 둘러보며 당신의 기억력이 걱정된다는 듯한 표정을 지어 보인다.

- 시어머니가 아이에게 "영화 보러 갈래?"라고 묻는다. 아이는 물론 신이 나서 "네"라고 답한다. 시어머니는 외출 준비를 하러 방으로 간다. 아이와 영화 보러 가도 괜찮은지 당신이나 남

편에게 물어보지도 않고 말이다. 당신은 시어머니에게 "오늘
은 스케줄이 있어서 영화 보기는 힘들겠어요"라고 말한다. 아
이는 실망해서 칭얼대고 시어머니는 그 자리에서 우는 척하기
시작한다. 시어머니는 "나는 그저 손자랑 좋은 시간 보내고 싶
은 마음밖에 없었다"고 말한다.

• 친구가 당신을 파티에 초대했다. 풀장에서 놀면서 즐길 거니까
수영복을 입고 와서 재미있게 놀다 가라고 한다. 도착해서 보
니 풀장 옆에서 칵테일을 마시는 자리였고 수영복을 입고 온
사람은 당신밖에 없다. 친구는 당신을 보고 큰소리로 빈정댄
다. "어머나, 설명 못 알아듣는 애들이 꼭 한 명씩 있다니까!"
사람들은 웃어대고 당신은 이번에도 말귀 못 알아듣는 바보가
돼버렸다.

• 당신은 형제가 세 명 있다. 세 형제는 정기적으로 만나면서 당
신에게는 오라는 말도 하지 않는다. 형제들에게 소외감을 알
려야겠다고 다짐하고 한 형제에게 이야기했다. 그런데 알고
보니 몇 년 전에 부모님이 형제들에게 당신이 형제들을 좋아
하지 않는다는 말을 했다고 한다. '형제들이 사는 방식이 마음
에 안 들어서' 당신이 형제들을 안 좋아한다고 말했다는 거다.
전혀 사실이 아니다. 부모님이 거짓말을 한 거라고 말했지만
형제들은 부모님이 그랬을 리가 없다며, 나이 든 부모님을 욕

되게 하지 말라고 말했다. 이로 인해 당신과 가족들 간의 불화만 더 커졌다. 당신은 졸지에 부모님이 거짓말을 했다면서 애꿎은 부모님을 공격한 괴물이 되어버렸다. 괴물은 부모님이고 거짓말을 한 사람도 부모님인데 말이다.

- 당신은 교회 직원이다. 독이 되는 목사가 당신을 사무실로 부르고는 문을 열어 놓으라고 말한다. 목사는 낮고 엄한 목소리로 이야기하며 당신의 눈을 계속 바라본다. 목사는 당신이 저지른 행정적인 실수에 대해 말하기 시작한다. 실수하지 않았다고 설명하려고 하자 목사는 손을 당신의 얼굴 쪽으로 들어 올리고 "변명 그만해"라고 말한다. 목사는 더 가까이 다가와 눈을 들여다보며 "죄송하다는 말을 해야지"라고 한다. 당신은 웅얼거리며 사과하고 방을 나와서 떨고 있다. 당신은 나중에 교회 지도자에게 이 사건을 이야기한다. 진위 여부를 묻자 독이 되는 목사는 문이 열려 있었고, 사무실 밖에 사람들이 앉아 있었으며(실제로 그랬다), 목사의 리더십을 충실하게 따르지 않는 당신이 불손하다고 단호하게 말했다. 목사는 당신을 반항적이라며 비난하고 당신이 교회 직원으로 일하는 게 적절한지 공개적으로 심문한다.

잠깐, 교회 이야기는 가스라이팅을 설명할 때 나오지 않았던가? 그렇다. 그때 나온 이야기가 맞다. 차이점은 인신공격에서는 생존자가 자신을 의심하지 않는다는 것이다. 자신이 교회에 맞는 사람인가, 하는 내면의 대화가 이 경우에는 없다. 생존자는 목사가 한 말을 기억하고 있으며, 사람들이 당신에게 등을 돌리게 하려고 독이 되는 목사가 작전을 벌인다는 걸 알고 있다. 작은 차이지만 굉장히 중요한 부분이다.

플라잉 멍키, 조력자를 동원한다

가해자는 플라잉 멍키(Flying monkey) 수법도 사용한다. 플라잉 멍키는 영화 〈오즈의 마법사〉에서 서쪽 나라의 사악한 마녀가 날개 달린 원숭이에게 나쁜 짓을 하게 만드는 이야기에서 유래했다. 나르시시스트, 소시오패스, 사이코패스에게도 이런 원숭이 같은 존재가 있다. 영화 속 날개 달린 원숭이처럼 행동하는 인간을 분명 본 적이 있을 것이다. 독이 되는 사람들은 두 종류의 조력자를 이용해서 지저분한 일을 대신 하게 만든다. 학대를 알아보지 못하는 순진한 사람들, 그리고 의도적으로 학대를 모른 척하는 사람들. 가해자에게는 조력자가 생존자를 학대하게끔 만드는 놀라운 능력이 있다. 자기 손을 더럽히지 않기 위해서 의도적으로 조력자를 이용한다. 가해자가 학대가 벌어진 장소에 없었다면 책임을 묻기 어렵다. 플라잉 멍키 수법은 가해자가 수류탄의 핀을 잡아당기고는 폭발이 일어나는 현장을 안전한 거리에서 지켜보는 것과 같다. 가해자는 모든 조치를 취해놓고 실제 범죄 현장에는 모습을 드러내지 않는다. 영리하다. 이 정도로 치밀하다는 것은 가해자의 행동이 의도된 것임을 보여준다. 가해자는 계획을 착착 실행하면서도 자신이 나쁜 사람으로 보이지 않게 신경 쓴다. 성격장애를 갖고 있는 사람이 자신이 하는 짓이 어떤 파장을 일으킬지 모르고 있다고 나를 설득할 수 있는 사람은 아무도 없다. 가해자가 조력자를 모아 일을 꾸미는 수법이 그저 놀라울 따름이다.

우선 가해자에게 이용당하고 있다는 걸 모르는 조력자에 대해 살펴보자. 이들은 정말로 이해하지 못한다. 침묵으로 학대를 용인하는 사람들도 있다. 이런 부류에 대해서는 잠시 후 다루도록 하겠다. 지금은 학대를 인식하지 못하는 사람들에 대해 알아보기로 하자. 가해자가 생존자에 대해 퍼뜨린 거짓말을 듣게 된 사람을 예로 들어보자. 이 사람은 가해자의 공적인 이미지 말고는 더 이상 알지 못한다. 흔히 가해자는 봉사자나 훌륭한 지도자의 모습으로 대외적인 이미지를 구축한다. 따라서 의심할 줄 모르는 이 사람은 가해자를 대신해 생존자를 부적절하게 공격한다. 시댁 식구들의 학대를 받는 경우를 살펴보자. 시댁 식구들은 교회 사람들에게 며느리를 비방한다. 아들이 냉정한 여자랑 결혼해서 가족과 멀어지게 되었다며 거짓 눈물을 보이기까지 한다. 이는 진실이 아니지만 독이 되는 사람들에게 무엇이 진실인가는 중요하지 않다. 가해자가 성격장애가 있고 집에서는 완전히 다른 사람이라는 걸 알지 못하는 사람들에게 가해자는 동정심을 얻는다.

한 여성이 남편과 함께 마트에서 장을 보다가 시부모의 교회 친구와 마주쳤다. 그 친구분은 며느리를 훑어보더니 시댁 식구들이 얼마나 좋은 사람이며 기독교인의 본보기가 되는 가정이라고 장황하게 이야기한다. 부부는 의심할 줄 모르는 플라잉 멍키를 만난 것이다. 시부모의 교회 친구는 진실이 무엇인지 알지 못한 채 독이 되는 시댁 식구들의 말을 액면 그대로 받아들였다. 이분은 며느리를 비판하기 전에 며느리가 어떤 사람인지 알아보려고 시도했어야 하지 않을까? 물론 그렇다. 하지만 대부분 그렇게 하지 않는다. 믿을 만하다고 여기는 사람들의 말만 듣고 며느리를 대하는 태도를 결정한다. 저렇게 멀쩡한 가족들이 며느리를 학대할 거라는 생각을 어떻게 하겠는가?

이 이야기에서 볼 수 있듯이 조력자는 당신에게 시댁 식구들, 부모, 상사와 동료, 친구나 교회 지도자와 잘 지내야 한다고 말할 것이다. 이런 사람은 가해자의 거짓말을 듣고 수류탄을 받아 들고 당신에게 와서는 감정의 수류탄을 터뜨린다. 사악한 마녀인 가해자가 원하는 것을 대신 해주는 것이다. 조력자는 자신이 입힌 피해를 알지 못하고 문제의 큰 그림을 이해하지 못한다. 귀에 거슬리는 잡음 같은 존재다. 가해자는 사람들이 생존자를 좋지 않게 생각해주기를 간절하게 바란다. 가해자에게는 도덕적 잣대가 없으며, 순진한 사람들을 동원해 희생양을 더 참혹하게 짓밟는 데 거리낌이 없다.

플라잉 멍키의 또 다른 부류는 보이지 않는 학대에 대해 잘 아는 사람이다. 이들은 학대를 알고 있고, 이를 어느 정도 즐기며, 가해자를 응원하면서 여기에 동참한다. 정신 나간 짓이지만 사실이다. 신데렐라에 나오는 못된 의붓자매에 비교할 수 있다. 의붓자매들은 더 못된 계모 편에 서서 비정상적인 행동을 정상으로 만드는 데 중요한 역할을 한다. 플라잉 멍키는 비정상을 정상으로 둔갑시키는 역할을 한다. 이들은 기본적으로 가해자에게 학대를 권장한다. 독이 되는 사람이 학대의 목표물에 대해 불평할 때 조력자들은 증오와 험담을 부추긴다. 심지어는 생존자를 괴롭히는 가해자를 돕기 위해 더 많은 정보를 제공한다. 이런 유형의 조력자를 생각하면 문제 있는 가족의 구성원들이 모여서 그 자리에 없는 희생양에 대해 이야기하는 장면이 떠오른다. 회사 동료들이 모여서 한 직원을 무능력한 사람으로 만들려고 작당하는 모습도 생각난다. 남의 뒷담화를 하지 않는다면서 모이기만 하면 항상 같은 사람 이야기를 하는 사람들도 여기에 해당된다. 학대를 잘 인식하고 있는 조력자는 집단이 아니라 개인일 수도 있다. 이들 자체가 독이 되는 사람으로, 가해자만큼 해가 된다. 학대를 용인하는 건 공모자가 되는 것이다.

조력자는 어디에나 있다. 심리적인 학대를 가하는 사람이 있는 곳이라면 어디나 최소한 한 명의 조력자가 근처에 숨어 있다. 회사에서는 수동적 공격성향의 직원이 독이 되는 사람일 수 있다. 함께 일하는 동료 모두를 나가떨어지게 만드는 사람이다. 가해자의 심리적 학대로 인해 새로 온 직원이 심리적으로 붕괴될 때마다 뒷수습을 해주는 상사가 있다. 상사는 가해자를 처리하는 대신에 다음 목표물이 될 직원을 찾아본다. 독이 되는 직원 때문에 사람이 자주 바뀌는데도 플라잉 멍키인 상사는 아랑곳하지 않는다. 상사와 독이 되는 직원이 회사 밖에서 친한 사이일지도 모른다. 오랫동안 알고 지낸 사이일 수도 있다. 어쩌면 상사가 가해자 마음에 들고 싶어 하는지도 모르겠다. 회사에서 학대 행위가 용인되는 이유가 무엇이든 간에 핵심은 가해자의 지독한 행동을 숨기려면 조력자가 있어야 한다는 점이다.

종교단체는 가해자 주변에 조력자들이 무리 지어 있기로 악명이 높다. 신의 이름으로, 보이지 않는 학대가 더 심하게 가려진다. 생존자의 증언은 거짓말로 매도된다. 완벽한 종교의 이미지를 투사하고 보호하려는 목적이다. 독이 되는 교회와 지도자를 관찰하면서 최악의 플라잉 멍키를 본 적이 있다. 신도들을 조력자로 만들어서 가스라이팅과 인신공격으로 목표물을 학대하는 게 전부가 아니다. 최고의 플라잉 멍키는 누구일까? 바로 신이다. 성경에 나오는 신은 서양인들에게 가장 익숙한 문화다. 나는 망설임 없이 이야기할 수 있다. 심리적 학대의 가해자들은 신을 조력자로 이용하고 있다. 신을 이용해서 생존자를 비난한다. 독이 되는 지도자를 대하는 생존자의 태도에 대해 '신이 말하는 것이 무엇인지'를 들먹이며 생존자를 비난하는 것이다. 학대를 가하는 교회 지도자는 신을 자기 마음대로 움직일 수 있는 꼭두각시 인형처럼 작게 만든다. 나는 이런 행위를 신성모독이라고 본다. 극단적인 율법제일주의나 카리스마파 (하느님으로부터 특별한 능력을 부여받았다고 믿음-역자 주)에서 가장 뚜렷이 드러난다. 마치 시소의 양끝과도 같다. 율법을 중시하는 교회라면 신이 위임한 지상의 권위에 감히 반항하는 자들을 벌할 것이다. 신도가 어떻게 감히 학대를 들춰내려고 한단 말인가? 신도에게는 따라야 할 규칙이 있는 법. 지도력을 의심하는 것, 특히 남성 지도자의 지도력을 의심하는 행위는 용납되지 않는다. 시소의 다른 쪽에 있는 카리스마파에서는 신이 생존자에 대해 이런저런 것을 알려주었다고 말한다. 신이 독이 되는 지도자에게 말한 바에 따르면 생존자는 '신과 함께 올바른 길로 가고 있지 않다'거나 '이세벨 (Jezebel, 구약성경에 나오는 인물로 잔인하고 타락한 인물로 지탄받고 있다.-역자 주)의 영혼이 씌었다.' 지도자는 학대의 목표물로 삼은 사람을 비난하기 위해 다른 영혼을 동원하기도 한다. '신이 내게 말하기를'이라고 이야기를 시작하는 종교 지도자를 공개적으로 의심하는 건 거의 불가능하다. '신이 내게는 그런 말을 하지 않았다'라는 말 외에 무슨 말을 더 할 수 있겠는가? 그다음에 일어날 상황이 짐작되는가? 사람들은 지도자를 신의 목소리를 들을 수 있는 권위자라고 믿는다. 신이 이 사람에게 준 힘과 영향력을 한번 보라. 종교 집단에서 신이 플라잉 멍키가 되면 심리적 학대와 영적인 학대가 잔인하게 혼재된다.

나르시시스트, 소시오패스, 사이코패스가 조력자를 만드는 능력을 가볍게 보아서는 안 된다. 이들은 상담 세션과 심리치료사까지도 조종하는 능력이 있다. 그렇다. 심리치료사도 플라잉 멍키가 될 수 있다. 독이 되는 사람에게 자신이 이용당하고 있다는 걸 아는 심리치료사도 있다. 심리치료사 본인이 독이 되는 인간이기 때문에 가해자에게 유리하게 상황이 돌아가고, 생존자는 더 심하게 학대당한다. 가해자 편에 서는 것은 독이 되는 심리치료사에게 즐거움을 선사한다. 이런 일이 흔치는 않지만 실제로 일어나기도 한다. 학대의 조력자가 되거나 가해자에게 이용당하는 대다수 심리치료사는 자기가 어떤 일에 맞닥뜨렸는지 깨닫지 못한다. 심리적 학대를 알아차리지 못하고 조종당하면서도 심리치료사로서 제 역할을 하고 있다고 믿는다. 숙련된 정신건강 전문가 중에도 은밀한 학대를 초반에 알아차리지 못하는 경우가 많다. 심리치료사가 커플이나 가족 간의 문제를 꿰뚫어보기 힘들 때도 있다. 그래서 필요한 교육을 받고 식견을 갖추어야 한다. 심리치료 초반은 마치 시험대와도 같다. 심리치료사가 보이지 않는 학대의 조짐과 증세를 잘 인지하지 못하면 가해자의 플라잉 멍키가 될 위험이 있다.

실수를 저질러놓고는
화를 내고 책임을 전가한다

심리적 학대의 가해자는 자기애적 공격을 가한다. 자기애적 공격이란 나르시시스트, 소시오패스, 사이코패스가 상대방의 잘못을 지적하며 심하게 폭발하는 것을 말한다. 자기애적 공격이라고 해서 나르시시스트에게만 해당할 거라는 생각은 금물이다. 그렇지 않다. 성격장애가 있는 사람들은 과장되게 부풀려진 자아 때문에 아주 작은 상처도 다루지 못한다. 이들이 불안정해서 쉽게 기분이 상하는 거라고 말하는 사람들이 많다. 성격장애가 있는 사람들은 불안정하지 않다. 독이 되는 사람이 자신의 불안정하고 유약한 자아를 감추기 위해 상대를 괴롭히는 행동을 한다고 보는 견해가 있다. 왜 그렇게 생각하는지 이해할 수는 있다. 하지만 심리치료 관점에서 볼 때 불안정함 때문에 하는 행동이 결코 아니다. 생존자가 이런 시각을 갖는 것은 매우 위험하다. 가해자는 상처가 많고 불안정한 사람이 절대 아니다. 이런 시각은 가해자가 자신이 하는 짓을 정확히 알고 있다는 진실을 회석시킨다. 가해자는 자유의지로 남에게 해로운 짓을 계속하는 사람이다. 타인의 건강과 행복을 해치면서 에너지를 얻고 즐거워하기까지 한다. 소름 끼치지만 사실이다.

자기애적 공격 양상을 보면 이들이 불안정하지 않다는 사실을 알수 있다. 이들은 실수나 결함을 지적당하는 걸 원치 않는다. 나르시시스트, 소시오패스, 사이코패스는 타인에게 군림하고 남을 통제함으로써 자신의 불안정함을 과잉 보상하려 한다고 주장하는 이들도 있다. 독이 되는 사람이 실제로 불안정하지 않다는 사실을 깨닫는 것은 생존자에게 무척 어려운 일이다. 가해자가 자신의 불안정함 때문에 힘들어한다고 생각하면 가해자의 나쁜 행동이 정당화될 수 있기 때문이다. 인정하기 싫겠지만 누군가 자기의심으로 힘들어한다고 생각하면 우리는 마음이 약해진다. 인간이기 때문에 그렇다. 심리적인 학대를 가하는 사람은 불안정한 게 아니라 쉽게 기분이 상하고 자기밖에 모르며 무엇이든 자기 마음대로 하는 사람이다.

우리는 자신이 완벽하지 않다는 사실을 수시로 깨닫고는 그냥 한 번 웃어버리고 일상을 살아나간다. 성격장애가 있는 사람들은 그렇지 않다. 자신의 약점을 보여주지 않으려고 무진장 노력한다. 이들은 자신에게 아무런 결함이 없다고 믿기 때문이다. 가끔 울면서 자신은 약한 사람이라고 말할지도 모르지만 순식간에 다시 원래의 건방진 모습으로 돌아온다. 이처럼 인간적인 약점을 감추려 하는 모습을 보고 사람들은 가해자가 불안정하다고 오해하는 것이다. 이들이 왜 그런 행동을 하는지 그 동기가 명확하게 밝혀지지는 않았다. 성격장애의 정의로 보건데, 자기의심은 아니다. 자기애성 성격장애나 반사회적 성격장애의 진단 기준을 보면 이들이 자신감 부족으로 힘들어한다는 말은 어디에도 없다. 독이 되는 사람들은 정상적이고 인간적인 결함과 연약함을 조금도 갖고 싶어 하지 않는다. 이들은 자신을 평범한 사람이라고 생각하지 않는다. 자신이 완벽하지 않다는 것이 드러날 때 이들의 자아상은 충돌한다. 그래서 격렬하게 분노하는 것이다.

자기애적 공격은 생존자가 독이 되는 사람이 한 실수를 알려주거나 개선이 절실하게 필요한 점에 대해 이야기하려고 할 때 나타난다. 독이 되는 사람은 상대가 하는 말을 있는 그대로 받아들이지 않고 화를 내거나 아무 말도 하지 않는다. 여기에 다른 처벌을 더 보태기도 한다. 가해자의 격한 반응에 생존자는 어안이 벙벙해진다. 말을 더 조심해서 해야 했다며 자신을 질책한다. 나르시시스트, 소시오패스, 사이코패스에게 고칠 점을 알려주거나 불만스러운 점을 이야기하는 데에 적절한 방법은 없다. 이들은 자신에 관한 어떤 문제도 심각하게 여기지 않는다. 그리고 문제를 생존자 쪽으로 돌려버린다. 너무 무례하고 자신을 존중하지 않으며 자신을 화나게 만들었다면서 생존자를 탓한다. 성격장애가 있는 사람들은 아무리 부드럽게 말을 꺼내도 결점을 지적당하는 걸 받아들이지 못한다.

다정했다가 무심했다가, 혼란스럽게 만들어 길들인다

지금부터 사람을 길들이는 법에 대해 이야기해보자. '간헐적 강화(Intermittent Reinforcement)'는 기본적으로 사람을 세뇌시키는 방법이다. 심리학자 스키너(B.F. Skinner)는 '조작적 조건형성(Operant Conditioning)'이라는 이론을 제시했다. 가해자는 두 사람의 관계의 끈을 풀었다가 조이기를 반복한다. 상대는 가해자가 언제 어떻게 변할지 몰라 불안하다. 이런 식으로 길들이는 방법을 '간헐적 강화'라고 한다. 가해자의 애정이나 관심도는 중요하지 않다. 가해자가 정한 규칙을 생존자가 따르는지가 관건이다. 가해자의 반응이 예상과 다를 때가 많다. 가해자와 갈등을 만들지 않기 위해서 생존자가 알아두어야 하는 패턴이 없는 것이다. 복잡한 문제다. 예를 들면 이렇다.

남자가 여자를 좋아한다. 여자도 그 남자를 좋아하는 것처럼 행동한다. 하지만 여자는 나르시시스트이거나 소시오패스인 것 같다. 여자는 남자에게 대체로 비이성적인 반응을 보인다. 남자는 여자가 좋아하지 않는 것은 안 하려고 애쓴다. 그렇지 않으면 여자가 소리 지르며 욕을 하기 때문이다. 한번은 남자가 실수를 했는데도 여자가 자상하게 반응한다. 남자는 매우 혼란스럽다. 여자가 격하게 화를 낼 거라고 예상했기 때문이다. 이번에는 남자가 여자를 위해 이벤트를 마련하려고 하자 여자가 벌컥 화를 낸다. 남자는 더 혼란스럽다. 여자가 갑자기 2주 동안 사라져 연락도 없다. 남자는 여자가 어디에 있는지, 둘의 관계는 어떻게 되는 건지 알아보려고 계속 전화를 했지만 전화도 안 받는다. 2주 후 여자가 나타나 무척 다정하게 굴지만 남자는 여전히 절망에 빠져 있다. 여자는 그동안 너무 바빠서 연락을 못했다고 말한다. 남자는 삶이 다시 정상으로 돌아온 것에 크게 안도한다.

이 이야기를 여러 번 반복해서 읽어보기 바란다. 이 이야기는 간 헐적 강화의 살아 있는 예다. 남자는 혼란에 빠져 살얼음판 위를 걷고 있으며, 여자의 변화무쌍한 기분에 따라 감정의 롤러코스터를 타고 있다. 여기서 핵심은 여자의 기분이 달라지는 이유가 딱히 없다는 점이다. 여자는 남자가 균형을 잃은 채 살아가도록 길들이고 있는 것이다. 균형을 잃는다는 것. 독이 되는 사람 중에는 실제로 남들이 균형을 잃게 만드는 걸 좋아한다고 말하는 이도 있다. 누군가 그런 말을 한다면, 얼른 도망쳐라. 그 사람이 심리조종자라는 명백한 신호다. 위에서 예로 든 남자는 상황이 개선될 것이고 여자가 더 이상 이상한 행동을 하지 않을 거라고 믿고 있다. 여자가 정말 다정할 때도 있으니까 말이다. 남자는 기적을 바라고 있다. 남자의 비현실적인 바람은 이루어지지 않을 것이다. 독이 되는 사람은 일 관된 관계를 유지할 수 없다. 좋은 날이 지속되지 않는다. 앞서 언급했듯이 성장 과정에서 건강한 애착이 부족했고 자신의 결점을 부정하기 때문에 안정적인 관계 맺기를 하지 못하는 것이다. 심지어 이들은 정상적인 인간관계가 지루하다고 생각한다. 이들은 항상 자신을 따라다니는 심리게임과 혼란을 먹고 산다. 아수라장을 즐기지는 않더라도 최소한 진정한 애착이 없는 관계에서 더 편안함을 느낀다.

간헐적 강화는 직장, 가족, 교회 안에서도 일어난다. 무슨 일이 일어날지 예상하지 못해 불안하고, 가해자가 기뻐할 때 안심이 되는가? 그렇다면 당신이 가해자에게 농락당하고 있다는 신호다. '가해자가 매일 학대를 하는 건 아니다'라는 말을 인터넷에서 본 적이 있다. 이게 바로 간헐적 강화를 한마디로 설명한 말이다. 언제 따스하고 다정한 모습을 보일지, 언제 다시 학대를 할지, 생존자가 알지 못한다는 것이 문제다. 간헐적 강화는 가해자가 써먹기 좋아하는 강력한 심리게임 수법이다. 가해자가 조종하는 심리게임에 대해 파악하지 못하고, 다음에 벌어질 일을 예측하지 못하는 상황에 처한 사람은 몹시 고통스럽다. 체내에 아드레날린이 상승하고 스트레스 호르몬이 분비된다. 이러한 생화학적인 변화는 끊기 어려운 중독을 야기한다. 하지만 건강하지 않은 관계에서 빠져나오는 일은 가능하다. 그 방법에 대해서는 4단계(경계 설정)에서 더 자세히 다루기로 한다.

심리조종자가 구사하는 3단계 전략

이제 심리적 학대의 중추가 되는 지점에 도달했다. 다시 말하지만 이런 수법은 애정관계에만 국한되지 않는다. 다른 환경에도 이 세 가지 단계가 적용된다.

1단계: 이상화(Idealize)

심리조종자와 그의 새로운 목표물이 처음으로 만나는 시기를 말한다. 당신도 한때는 새로운 목표물이었다. 이 단계에서 가해자는 당신을 평가하고 당신 이야기를 경청하며 당신에 관해 뭐든지 알아내려고 한다. 그 사람은 당신에게 완벽한 연인이나 동료, 또는 친구가 될 만한 사람이라는 이미지를 만들려고 노력한다. 이 시기에 생존자는 너무나 멋진 멘토나 절친, 심지어는 소울메이트를 만나서 정말로 행운이라고 느낀다. 가해자는 너무 서둘거나 너무 많이 자신을 보여주며 우쭐대다가 심리게임을 벌인다는 것을 들킬까 봐 아주 조심한다. 속임수를 들키지 않기 위해서 적당히 생존자와 자신의 차이점을 보여주면서 말이다. 안타깝지만 당신이 겪은 일이 바로 이것이다. 당신은 온전한 본연의 모습이었고 가해자는 카멜레온이었던 것이다. 가해자가 당신에게 이상적인 상대로 탈바꿈한 것이다.

연인 사이라면 애정 공세라는 말이 이 단계에 들어맞는다. 독이 되는 사람은 목표물에게 넘치는 애정을 표현한다. 이 단계는 빠르게 진행되고 옥시토신과 도파민 같은 호르몬이 넘치게 분비된다. 당신에게 생기는 이러한 생화학적 변화는 사랑에 빠질 때 나타나는 정상적인 반응이다. 보이지 않는 학대의 커다란 문제점은 목표물이 조종당하고 있다는 것이다. 목표물이 사랑을 느끼면 가해자는 점차 힘과 통제력을 갖게 된다. 하지만 목표물은 실체를 전혀 모르고 있다. 목표물은 자신이 근사한 사람을 만났다고, 심지어 '천생연분'을 만났다고까지 생각한다.

회사나 교회에서는 누군가가 멘토가 되어주려고 애쓰는 것처럼 보인다. 가해자는 목표물을 잡기 위해 빠르고 세차게 움직일 것이다. 목표물이 사적인 이야기를 털어놓게 만들어야 하기 때문이다. 그래야 목표물이 둘 사이의 연결 관계에 의존하게 되고, 가해자는 목표물의 꿈과 희망, 실패와 목표에 대해 속속들이 알게 된다. 가해자는 이렇게 파악한 소중한 정보를 자신의 이득을 위해, 또는 단순한 즐거움을 위해 나중에 이용한다. 이처럼 역겨운 게임을 하면서 즐거워하는 사람이 있다고? 그렇다. 이 사실을 받아들여야 치유를 시작할 수 있다.

2단계: 평가절하(Devalue)

목표물이 완전히 말려들고 나면 다음 단계가 시작된다. 목표물은 가해자에게 의존하게 되고 새로운 관계로 인해 최상의 기분을 느끼고 있다. 이제부터 심한 깎아내림이 시작된다. 가해자는 갑자기 사람을 바닥으로 내동댕이친다. 이 단계는 감정적으로 정말 혼란스러운 시기다. 평가절하 단계에서 생존자의 세상은 갑자기 붕괴되기 시작한다. 그 모든 애정 공세와 넘치는 관심을 기억하는가? 그 모든 칭찬과 관심이 이제 돌이 되어 날아온다. 돌이 하나씩 날아올 때마다 멍 자국이 점점 늘어간다. 완벽한 연인이나 멘토, 또는 친구라고 여긴 사람이 갑자기 등을 돌린다. 참담한 시기다. 한때 달콤한 사랑을 속삭이고 깊은 존경을 표하던 사람과, 지금 은밀하게 학대를 가하는 사람이 어떻게 같은 인물일 수가 있단 말인가? 이것이 바로 성격장애가 있는 사람의 실체다.

나르시시스트, 소시오패스, 사이코패스는 자신의 자부심을 높여

줄 만한 사람을 목표로 삼는다. 외모나 나이, 지적 수준, 직업적인 성공, 가족, 친구들 등등. 그 밖에 다른 요소도 포함된다. 이상화 단계에서 목표물이 걸려들면 독이 되는 인간은 애초에 자신이 생존자에게 끌렸던 바로 그 면모를 산산조각 내기 시작한다. 이것이 바로 평가절하 단계로 생존자는 극심한 고통에 시달린다. 앞서 언급했듯이 독이 되는 사람은 약한 사람을 표적으로 삼지 않는다. 생존자들이 흔히 오해하는 부분이 이것이다. 예상과 달리 가해자는 눈에 보이는 가장 큰 표적에 도전한다. 가해자는 독립적인 한 사람을 자신의 도움 없이는 결정을 내리지 못하는 의존적인 사람으로 만드는 것을 큰 승리라고 생각한다. 가해자는 생존자가 얼마나 약해졌는지 자주 불평하지만, 가해자의 행동이 생존자를 변하게 만든 것이다. 생존자를 비난하는 건 최고의 모욕이다. 많은 생존자들이 가해자를 알고 지내면서 자신이 얼마나 달라졌는지 깨닫고는 깊은 수치심을 경험한다.

상당수의 사람들이 평가절하 단계에 머물러 있다. 이상화 단계의 느낌을 잊지 못하고 그때로 돌아가 다시 중요한 사람이 된 듯한 느낌을 받으려고 필사적으로 노력한다. 그렇게 좋은 날은 다시 오지 않는다. 목표물을 잡기 위해 가해자가 던진 미끼였을 뿐이다. 이런 관계에서는 나중에 되살아날 만한 실체가 없다. 가해자가 목표물에게 사랑이나 애정을 느낄 수 있는지 궁금해하는 사람들이 있다. 대답은 당신이 사랑을 어떻게 정의하느냐에 달렸다. 가해자가 잠시 타인에게 마음을 쓰는 것처럼 행동할 수는 있다. 그 순간에 애정 어린 행동을 하는 게 어떻게든 이익이 된다면 말이다. 생존자가 기억해야 할 것은 가해자는 항상 자기 본위이며 무엇이든 자신의 필요를 충족시키는 데 이용한다는 점이다. 독이 되는 사람이 열정이나 감탄을 표현하는 이유는 자신에게 이득이 되기 때문이다. 당신이 정의하는 사랑이 상대가 진정으로 행복하고 충만한 삶을 사는 모습을 보고 싶어 하는 것이라면 대답은 '노'다. 심리적 학대를 가하는 사람은 사랑을 느끼지 못한다. 사랑처럼 보이게 흉내만 낼 수 있다. 연기를 잘하는데, 계산된 기간 동안만 연기를 한다.

3단계: 버리기

목표물을 잡았고(이상화 단계), 목표물이 감정적으로 피폐해졌으니(평가절하 단계), 이제 목표물을 거부하는(버리기 단계) 대단원의 막이 오른다. 이 마지막 단계가 다른 인간관계와 크게 다른 점은, 생존자가 홀로 남겨졌을 뿐만 아니라 한 인간으로서 완전히 산산조각 났다는 것이다. 생존자는 심리적 학대로 인해 신체적인 치유가 필요한 경우가 많다. 생존자의 자아상도 달라졌다. 학대를 받는 동안 큰 손실이 생긴 경우도 흔히 있다. 버리기 단계에 올 때쯤이면 생존자의 세상은 안전하지 않으며 격변하고 있다. 다시 말하지만 학대 행위는 다양하고 생존자의 반응도 다양하다. 생존자 대부분은 가해자와 엮이면서 삶이 달라진다. 학대가 배우자나 연인 관계 혹은 직장에서 일어났는지, 친구들이나 가족 간에, 또는 교회에서 발생했는지에 따라 생존자의 인생에 미치는 영향 또한 다르다. 생존자의 중요한 일상에 가해자가 얼마나 가까이 있느냐에 따라 피해가 더 클 수 있다.

가해자가 목표물을 버릴 때 악랄하게 수치심을 줄 때가 많다. 나는 버리기가 어떻게 행해지는지 수많은 이야기를 들으면서 비통한 심정이었다. 가해자에게 버림받은 적이 있다면 당신에게도 상처가 남아 있을 것이다. 달리는 차에서 굴러 떨어져 입은 상처와 다를 바 없다. 어쩌면 관계를 끝낸 쪽이 당신일지 모른다. 쉽게 도망치지 못 했으리라는 것을 너무나 잘 알고 있다. 생존자가 학대적인 관계에서 떠나려고 작정했을 때는 이미 다른 선택의 여지가 없다. 가해자와의 관계를 유지하려고 모든 시도를 다 해보았다. 가해자를 만족시키려고 아무리 노력해도 항상 부족했다. 늘 부족하고 뭔가 잘못 됐다는 느낌을 떨칠 수가 없었다.

심리적 학대의 패턴에 관해 연구한 결과 생존자가 관계를 떠나는 가장 흔한 이유는 가해자의 극심한 폭력행위 때문이었다. 생존자가 심각한 위협을 받았거나 실제로 해를 입은 것이 결국 관계를 끝낸 주된 이유였다. 피날레를 장식하는 대폭발이 없는 경우는 거의 없었다. 관계를 끊어내려면 이 정도의 파국은 필요하다. 버리기 단계에 올 때쯤이면 생존자가 가해자를 떠나지 못하도록 철저하게 프로그래밍된 상태이기 때문이다.

이렇듯 이상화, 평가절하, 버리기 단계는 심리적 학대의 과정을 이해하는 데 필수적이다. 생존자들은 이 세 단계가 정상적인 인간관계와 어떻게 다른지 궁금해하곤 한다. 적절한 질문이다. 평범한

이야기는 어떻게 전개될까?

두 사람이 만났다. 서로에게 호감을 느낀다. 함께 보내는 시간이 많아진다. 연애편지와 선물을 자주 주고받고 전화통화도 많이 한다. 서로를 생각하지 않는 날이 없다. 시간이 흐르고 서로 다른 점이 보이기 시작한다. 전에는 마음이 맞는다고 생각했는데 이제는 아니다. 말다툼이 잦아졌지만 둘 다 관계를 진전시키고자 한다. 하지만 얼마 지나지 않아 어느 한 사람, 또는 양쪽 모두가 어긋난 관계를 인식하고 이별을 고한다. 훗날 만나서 두 사람의 관계에 대해 이야기를 나누고 끝을 확인할지도 모른다. 그러나 궁극적으로 둘 사이의 연결감이 사라졌으니 평생 함께할 관계는 되지 못한다.

정상적인 데이트의 시나리오와 심리적인 학대 관계의 차이는 동기가 다르다는 데 있다. 정상적인 관계에서는 두 사람 다 진심을 다해 사랑할 사람을 만나고자 한다. 정직하고 진정성 있게 관계를 시작하고 유지하려 한다. 양쪽 모두 건강한 애착 관계를 형성할 수 있다. 심리적인 학대 관계가 시작될 때는 목표물 혼자만 정상적인 연결감을 느낀다. 가해자는 파워를 얻고 시간을 때우려고 한다. 두 사람이 완전히 다른 상황에 있는 것이다. 한쪽은 정상이고 다른 한쪽은 학대적이다.

2단계를 마무리하면서 심리적 학대 치유 커뮤니티에서 사용하는 용어가 이외에도 많이 있으며, 용어를 아는 것이 학대와 치유 과정을 이해하는 데 도움이 된다는 점을 알려주고 싶다. 여기서 설명한 8가지 용어만 알아두어도 도움이 될 거라고 생각한다. 회복의 여정을 계속해나가면서 더 깊은 공명을 느낄 것이다. 축하한다. 벌써 회복의 두 단계를 통과했다. 다음 단계는 '깨어남'이다.

3단계 깨어남

"내가 미친 게 아니더라고요"

생존자가 심리적으로 학대를 당하고 이에 절망할 때(1단계), 그 후 가해자가 해를 입힌다는 사실을 구체적으로 알게 될 때(2단계), 생존자는 깨어난다(3단계). '아하' 하는 깨달음의 순간을 자주 경험하는 시기다. 생존자는 자신이 겪은 일을 묘사할 수 있고, 새로운 용어를 배웠으며, 그러는 동안 더 이상 학대 속에 고립되었다고 느끼지 않게 된다. 이 단계에서 생존자는 회복에 대한 자신감을 갖기 시작할 것이다. 하지만 좋은 날이 있으면 나쁜 날도 있다. 생존자가 절망의 단계로 후퇴했다가 다시 깨어남의 단계로 돌아오는 일이 흔히 있다. 이는 정상이며 심리적인 학대에서 벗어나 치유되는 과정이다.

이 단계에서는 분노가 뚜렷하게 표출되기도 한다. 깨달음이 일어나면서 전에 볼 수 없던 거침없는 모습이 나올 때가 많다. 이때 생존자들이 주로 하는 말이 있다.

"세상에 악마가 실제로 존재한다는 걸 믿게 됐어요. 제가 봤거든요."

"제가 겪은 일이 어떤 건지 알게 됐어요. 그리고 제 경험을 이해하는 사람들이 있다는 것도요."

"그 자식이 나한테 문제가 있다고 믿게 만들었어요."

"알고 보니까 내가 미친 인간이었던 게 아니더라고요."

"그 사람들이 나한테 이런 짓을 한 게 믿기지가 않아요."

주로 이런 말이다. 모두 다 괜찮다. 말을 가려서 해야 한다며 조심할 것도 없다. 때로는 그냥 하고 싶은 말을 할 필요도 있다. 심리적 학대에서 회복하려면 자기 본연의 모습이 될 자유가 있어야 한다. 타박이 심한 가해자의 심기를 건드리지 않으려고 애쓰면서 회미해져버린 자아를 회복해야 한다. 여러분 모두 이제는 자기 자신이 되었으면 좋겠다. 깨어남의 단계에서 다루게 될 내용이 바로 이것이다. '저 사람들이 어떻게 나를 이렇게 취급할 수가 있지?'라는 의문을 받아들이는 단계인 것이다. 여기서 말하는 깨어남은 고치에서 나비가 나오듯이 부드럽고 섬세한 재탄생을 뜻하는 게 아니다. 벽을 깨부수는 깨어남이다. 이 과정에서 때로는 화가 나기도 한다. 분명 쓸쓸하고도 달콤할 것이다. 심리적 학대의 실체를 완전히 이해하고 받아들이기가 쉽지는 않다. 정말로 실망스럽고 고통스럽기까지 하다. 이 단계는 혼란은 멈추지만 아직 학대에서 완전히 벗어나지는 않은 상태다.

그 사람은
달라질 수 있을까

깨어남의 단계에서는 자각이 많이 일어나며 다시 절망이 뒤따르기도 한다. 생존자가 실제로 인간의 형상을 한 뱀을 상대하고 있다는 것을 명확히 알려주는 순간도 있다. 이 단계에서 깨달음을 계속 유지하기는 어렵다. 마치 모래를 한 주먹 쥐면 손가락 사이로 새어 나가는 것과 같다. 생존자는 자신감을 느끼다가도 곧 가해자를 그리워하며 울기도 한다. 생존자는 정말로 가해자가 달라질 수 있다고 믿고 싶어 한다. 독이 되는 사람은 성장 과정이 힘들었다거나 트라우마가 있다는 잘못된 개념을 계속 믿으려고 하는 경우도 있다. 가해자의 좋지 않은 행동을 봐주고 싶은 마음이 있는 것이다. 부모님, 형제자매, 소중한 친구, 영적 지도자처럼 사랑하는 사람에 대한 진실을 마주하기란 정말로 어려운 일이다. 하지만 진실을 받아들이기가 너무 고통스럽다고 해서 거짓에 기대는 게 자랑스러운 일도 아니다.

학대의 생존자들은 어쩌면 독이 되는 사람에게 정신질환이 있을지도 모른다는 핑계를 대기도 한다. 심리치료사로서 내 경험에 비추어볼 때 성격장애가 있는 사람들 대부분은 독이 되는 행동을 유발하는 정신건강 상의 문제가 없다. 가끔씩 감정 기복이 있다고 해서 모두 나르시시스트이거나 소시오패스, 또는 사이코패스인 것은 아니다. 변덕스러운 행동이라고 하면 조울증(Bipolar Disorder)

이라는 진단명이 떠오른다. 경계성 인격장애(Borderline Personality Disorder)라는 성격장애도 있는데, 이는 자기애성 성격장애(Narcissistic Personality Disorder)나 반사회적 성격장애(Anti-Social Personality Disorder)와 정확히 같은 특징을 보이는 것은 아니다. 외상 후 스트레스 장애(Post-Traumatic Stress Disorder, PTSD)라면 사람을 밀어내고 혼란을 야기하는 행동을 해서 나르시시스트나 소시오패스, 사이코패스처럼 보이는 경우가 종종 있다. 그렇지만 조울증, 경계성 인격장애, 외상 후 스트레스 장애는 발병 원인이 광범위하고 다양하다. 이러한 정신건강 문제를 갖고 있는 사람들은 심리적인 학대를 가하는 나르시시스트, 소시오패스, 사이코패스와는 매우 다른 내적 동기가 있다. 반드시 기억해야 할 점은 독이 되는 사람은 공감 능력이 부족하다는 것이다. 조울증이나 외상 후 스트레스 장애, 심지어 경계성 인격장애로 진단 받은 사람이라도 자신의 행동이 타인에게 어떤 해를 입히는지 알 수 있다. 타인에게 공감하고 진정으로 남을 위할 수 있다는 뜻이다. 하지만 나르시시스트, 소시오패스, 사이코패스는 주변 사람들과 애착 관계를 형성하지 않기로 선택한 사람이다. 따라서 절대로 이들을 신뢰해서는 안 된다.

심리적 학대를 이해하는
사람들과 만나야 할 때

지금까지 감내해온 것을 설명할 수 있다는 건 생존자에게 큰 힘이 된다. 절망 단계에서는 할 수 없었던 일이다. 생존자가 자신이 어떤 해를 입었는지 언어로 설명할 수 있으면 자신의 고통과 새롭게 발견한 치유에 대해 이야기할 수 있게 된다. 심리치료사로서 나는 교육을 통해 내담자가 크게 변하는 과정을 보곤 한다. 심리치료사와 내담자가 같은 개념으로 명확하게 대화를 나눌 수 있게 되는 것이다. 그러면서 깨달음의 순간이 수면 위로 떠오르기 시작한다. 깨어남 단계에서 내담자는 가해자가 세뇌시킨 것처럼 자신이 형편없는 사람이 아니라는 것을 알고 평화로움을 느낀다. 동시에 처음에는 그 사실을 믿기지 않아 한다. 깨어남 단계에서는 많은 내담자가 상담실 소파에 앉아 침묵하곤 한다. 자신이 깨달은 점을 소화시키는 중이다. 차분하게 앉아 심호흡을 한다. 생존자는 더 이상 가해자의 꼭두각시가 아니다. 나는 이를 심전도의 전극에 비교한다. 심리적 학대의 가해자는 목표물에게 충격과 두려움을 주는 수많은 자극점을 갖고 싶어한다. 깨어남 단계에서 생존자는 자신에게 붙어있던 전극을 뽑아내기 시작한다. 그러면 독이 되는 사람이 생존자의 신체나 영혼에 직접적인 연결선을 갖지 못하게 된다. 이 시점에는 가해자와의 관계가 겉으로 보기에 달라진 점이 없다. 그렇지만 생존자의 내면에는 커다란 변화가 생겼다. 얼굴에 확연히 드러날 때도 있다. 좀 더 안정돼 보이고 목소리에서 강인함이 느껴지기 시작한다. 심리게임으로 짓눌린 사람이 자신에게 지워진 짐을 덜어내고 두 발로 다시 서기 시작하는 것이다. 생존자는 더 이상 땅을 보지 않고 고개를 들고 사람들과 눈을 마주치기 시작한다.

일반적으로 가해자는 서서히 그리고 체계적으로 목표물을 통제하기 시작한다. 어느새 목표물은 독립적인 결정을 내리지 못하겠다고 느낀다. 이것이 학대의 첫 번째 징조이다. 생존자가 학대에서 벗어나 치유를 시작하면 자신이 얼마나 통제받았는지를 깨닫는 순간들이 있다. 어떤 옷을 입을지, 뭘 먹을지, 어떤 물건을 살지 등등 일상적인 결정에서 이런 깨달음의 순간을 자주 경험한다. 회복 과정에서 비난에 대한 두려움 없이 기본적인 결정을 내릴 자유를 되찾게 된다. 이를 통해 생존자가 그간 얼마나 통제받았는지 명확하게 이해할 수 있다. 복잡한 감정이 일어날 수도 있다. 생존자가 자신의 성장을 기뻐하고 수치심에 휩쓸리지 않는 것이 회복에 도움이 된다.

2단계(교육)를 마치고 나면 다른 생존자들과 강한 유대감을 느끼게 된다. 미칠 것 같던, 실체를 알 수 없던 그 일을 다른 사람들도 겪었다는 사실을 처음으로 알게 된다. 심리적 학대를 경험한 뒤에는 누구를 신뢰해야 할지 알기 어렵다. 하지만 보통 다른 생존자는 신뢰할 수 있다. 생존자 자조모임을 찾을 때 주의할 점은 자신의 회복에 도움이 되는 내용을 다루는 모임이어야 한다는 것이다. 문제 일으키기를 좋아하는 '심술궂은' 사람들이 있는 모임도 있다. 이런 사람들은 실제로 생존자가 아니라 독이 되는 사람들로, 모임에 나와서 구성원들을 짜증나게 한다.

깨어남 단계에서는 필요한 지원을 받는 게 무엇보다 중요하다. 용어나 개념을 공부하듯 혼자 머릿속으로 해결할 일이 아니다. 심리적 학대에서 회복하는 데 도움이 되는 지원 체제로는 심리치료와 온라인 자조모임을 들 수 있다. 온라인의 익명성이 아주 유용할 때도 있다. 가명을 쓸 수 있고 실제로 만나서 말하기엔 당혹스러운 질문도 할 수 있으니까 말이다.

내가 이 책을 집필한 이유는 오프라인 자조모임이 생존자들에게 또 하나의 지원 체제가 되기를 바라는 마음에서다. 심리적 학대를 '이해'하는 사람들을 만나는 것이 생존자에게 힘이 된다고 생각한다. 안전한 사람들을 만나서 많은 도움을 받을 필요가 있는데, 오프라인 독서 모임이 적절한 예가 아닐까 싶다. 보이지 않는 학대의 성격상 생존자는 고립되기 쉽다. 오프라인 모임이 있으면 회복 과정에서 더 많은 지원을 받을 수 있다. 때로는 누군가의 따뜻한 미소가 필요하다. 이 세상에서 안전한 장소를 찾을 필요도 있다. 미소와 체온을 나누는 일은 온라인에서는 할 수 없다.

4단계 경계 설정
감정적으로 거리를 두거나 연락을 끊거나

생존자가 절망을 경험하고(1단계), 심리적 학대가 무엇인지를 구체적으로 알게 되고(2단계), 회복이 가능하다는 것을 깨달은 후(3단계), 그다음 단계는 경계를 설정하는 것이다. 생존자가 가해자와 연락을 하지 않거나 감정적인 거리 두기를 시작하는 시기다. 이 단계에서 중요한 점은 생존자가 독이 되는 관계에서 독소를 제거할 수 있을 정도로 감정적인 거리를 두고, 회복된 삶을 기대하기 시작한다는 점이다. 경계 세우기는 개별적으로 이루어져야 하고, 생존자가 완수할 수 있는 방식이어야 한다. 때로는 생존자가 가해자와의 관계에서 경계 설정하기를 포기하기도 한다. 경우에 따라 경계 설정이 관계를 끝내는 것을 의미할 수도 있다. 생존자가 결국 관계를 끝내지 못해 이 단계에서 진전이 없는 경우도 드물지 않다.

심리적 학대를 '이해하는' 심리치료사에게 상담을 받았으면 하는 시기가 바로 이 단계다. 모든 생존자가 각기 다른 상황에 처해 있다. 상황에 미묘한 차이가 있기 때문에 경계를 세우는 데 개별화된 전략이 필요하다. 세상의 모든 생존자를 한마디로 일반화해서 이야기할 순 없다. 지구상의 모든 사람에게 적합한 방법을 안다고 생각하는 건 좀 과하다. 치유가 되려면 경계를 세워야만 한다. 이것이 핵심이다. 치유가 일어나는 방식은 개인마다 다르다. 심리적 학대 치유 커뮤니티에는 가해자와 연락을 끊는 것이 최선이라고 여기는 사람들도 있다. 내 생각도 그렇다. 하지만 심리치료사가 내담자에게 자신의 생각을 강력하게 주장하는 것은 비윤리적인 일이다. 심리치료사는 자신의 의지나 편견을 내담자에게 강요하지 않아야 한다. 내담자 스스로 자신에게 맞는 방법을 결정하도록 해야 한다.

독이 되는 사람과 함께하는 삶에 대해 나는 굉장히 솔직하게 말한다. 내담자와 만날 때 과정을 생략하거나 돌려 말하지 않는다. 나는 고개를 끄덕이면서 '좀 더 이야기해주세요'라고 말하는 부드럽고 말랑한 심리치료사가 아니다. 소극적인 자세로 상담을 한다면 정말 하루하루가 지루할 것 같다. 직접적이고 솔직한 대화를 원하는 내담자들이 나를 찾는다. 만약 내 치료 방식이 잘 맞지 않는다면 주변에 있는 다른 심리치료사를 소개해주겠다고 늘 말한다. 사람마다 자신과 잘 맞는 심리치료사가 따로 있다. 그러므로 상담실로 전화하는 모든 사람이 내 고객이 되는 것은 아니라고 직원들에게 알려주곤 한다. 삶의 철학이 서로 다르면 상담이 진전되지 않기 때문에, 잠재적인 고객이 적합한 심리치료사를 찾을 수 있도록 도와줄 의무가 있다.

다시 말해 내 생각이 어떻든지 간에 나는 윤리상 가해자와 연락을 끊어야 한다고 내담자에게 말할 수 없다. 경계 세우기는 본인이 결정하고 본인이 이행해야 한다. 생존자의 결단에 영향을 미치는 요인들을 살펴보는 데 상담이 효과적이다. 생존자에게 적합한 방식이라도 자녀들에게는 적합하지 않을 수 있다. 자녀들에게 적절한 방법일지라도 생존자에게는 그렇지 않을 수 있다. 생존자의 커리어에 도움이 되는 방법이 건강과 행복에는 도움이 되지 않는 경우도 있다. 어떠한 관계라도 이렇게 상반되는 요인이 존재한다. 내가 자주 목격하는 것이 있다. 생존자의 영적 성장을 위한 길이 그가 속한 교회 지도부와 명성을 그대로 유지하는 길이 아닌 경우다.

관계를 끝내는 게
좋은 경우

가해자와 연락을 끊지 않고 정기적으로 나르시시스트와 만나야 할 때가 정말 힘들다. 나는 이런 가해자를 낮은 레벨의 나르시시스트라고 부른다. 이 사람은 자기애성 성격장애라고 진단할 수 있지만 주변 사람들의 저항이 크지 않다. 이런 사람은 나이 들수록 나르시시스트 성향이 더 강해지며 권력 장악도 심해진다. 하지만 이렇게 독성이 약한 나르시시스트도 생존자가 더 이상 말도 안 되는 행동을 참고 있지 않겠다고 다짐하고는 단호하고 명확하게 경계를 세우면 태도가 달라진다. '신실한 기독교인'이라는 정체성을 갖고 있는 내담자는 자기 목소리를 내거나 경계를 세우는 것을 불편해한다. 상담을 통해서 내담자가 침착하지만 단호하게 자신의 목소리를 찾도록 도와줄 수 있다. 이런 변화는 "더 이상은 못 하겠어요"라는 지점에 도달했을 때 일어난다. 이 시점에서 내담자는 달라지는 게 없다면 관계를 끝내야겠다는 생각을 하게 된다. 한계를 설정한다는 것은 힘이 있다는 의미이고 지금까지 살아온 것처럼 더는 살지 않겠다는 뜻이다. 경계 세우기의 대상은 배우자나 상사, 가족, 친구, 또는 종교 지도자일 수도 있다. 생존자는 '더 이상은 안 돼' 하는 지점에 도달했고, 독이 되는 인간은 힘의 변화를 인식했다.

생존자에게 변화가 일어나자 독이 되는 인간은 약간 후퇴하거나 생존자에게 잘해주려고 한다. 가해자가 예전과 다르게 행동하는 이유는 그 관계에서 뭔가 이득이 되는 게 있기 때문이다. 예를 들어 독이 되는 상사에게 생존자가 경계를 세운다고 하자. 상사는 변화를 받아들인다. 왜냐하면 생존자는 상사를 돋보이게 해주는 가치 있는 직원이기 때문이다. 자신을 통제하는 배우자에게 생존자가 저항하자 가해자가 한발 물러선다. 궁극적으로 결혼 생활이 편안하고 이혼을 원하지 않기 때문이다. 어쩌면 경제적인 이유 때문에 결혼을 유지하려고 하는지도 모른다. 심리적인 학대를 가하는 부모는 성인이 된 자녀가 설정한 경계를 억지로 따라준다. 손자손녀와 연락이 끊어지는 것을 원하지 않기 때문이다. 가해자가 조금 물러서는 이유가 무엇이든 간에 자신에게 어떤 환경이 편안한지는 생존자 스스로 결정해야 한다. 편안한 삶을 유지하기 위해서 스스로를 점검해보는 가해자가 있을까? 일부 그런 가해자가 있다. 생존자가 '더 이상은 안 돼' 하는 지점에 도달하면 모든 가해자가 신경을 쓸까? 절대 아니다. 가해자들 대부분이 신경도 쓰지 않으며 생존자가 힘을 내면 전면으로 공격한다. 치유에 있어 모두에게 맞는 일반적인 방법은 없다. 치유 커뮤니티의 생존자와 지지자들이 이 점을 인식했으면 좋겠다.

그럼 이제 독이 되는 사람들의 스펙트럼으로 돌아가보자. 독성이 낮은 레벨에 나르시시스트로 진단이 가능한 사람들이 있다. 이들은 자신에게 이익이 된다면 독이 되는 모습이 겉으로 드러나지 않게 조절할 것이다. 높은 레벨에 소시오패스와 사이코패스가 있다. 이들은 타인의 인생을 완전히 망가뜨리는 데 거리낌이 없다. 소시오패스나 사이코패스에 가까운 높은 레벨의 나르시시스트인 사람과 관계를 유지할 때 생존자는 자신의 건강과 행복에 미칠 피해를 고려해야만 한다. 자신에게 어떤 선택의 여지가 있는지 충분히 생각해보아야 한다는 의미다. 나는 독성이 아주 강한 사람과 관계를 지속하는 생존자에게는 가해자와 연락을 끊지 않으면 상담을 계속할 수 없다고 말한다. 앞에서는 이와 반대로 말하지 않았던가? 그렇지 않다. 나는 모든 생존자가 가해자와 연락을 끊어야 한다고, 윤리 상으로는 말할 수 없다고 했다. 자신이 선택한 약물로 스스로를 죽이고 있는 사람과 심리치료를 계속하겠다고 말하지 않았다. 여기서 말하는 약물은 심리적 학대의 가해자를 뜻한다. 내담자가 상담실 소파에 앉아서 치사량의 헤로인이 든 주사기를 팔에 찌르고 있는데, 심리치료사인 나는 그 앞에 가만히 앉아서 경계 세우는 법에 대해 이야기하고 있어야 할까? 그런 일은 없을 것이다. 인간관계로 인해 서서히 죽어가는 생존자에게 어째서 자신의 인생을 선택하지 않고 가해자를 기쁘게 해주려고 하는지 이야기해야 한다. 극단적인 상황에서는 연락을 끊는 것이 회복되는 유일한 방법이다.

그 사람이 내 삶에 미치는
영향을 알아보는 방법

독이 되는 사람이 생존자의 삶에 미치는 영향을 알아보는 유용한 방법이 있다. '균형 잡힌 삶'의 모델과 현재 내 삶을 비교해보는 것이다. 나는 내담자와 함께 도표를 작성해보기도 한다. 균형 잡힌 삶의 도표에는 회사-집-회사-집이라는 쳇바퀴 같은 생활에서 벗어나기 위해 필요한 일곱 가지 삶의 영역이 실려 있다. 균형 잡힌 삶은 다음과 같은 요소로 구성된다.

- 일/자원봉사/학교
- 신체적 건강
- 영적인 성장

- 우정
- 애정 관계
- 자녀 양육(해당자에 한함)
- 취미생활

글쓰기 연습을 해보는 것도 좋다. 'xxx(독이 되는 사람의 이름)과 계속 연락하고 지내는 게 내 xxx에 어떤 영향을 주는가?'라는 질문을 써보자. 그런 다음 앞에서 언급한 요소들을 차례로 대입해본다. 예를 들면 아래와 같다.

- 김씨와(또는 최씨와) 계속 연락하고 지내는 게 내 일에 어떤 영향을 주는가?
- 김씨와(또는 최씨와) 계속 연락하고 지내는 게 내 신체적 건강에 어떤 영향을 주는가?
- 김씨와(또는 최씨와) 계속 연락하고 지내는 게 내 영적인 성장에 어떤 영향을 주는가?

이렇게 하면 된다. 계속해서 일곱 가지 요소에 대한 글을 써보기 바란다.

다른 방식으로 할 수도 있다. 다음과 같이 질문을 만들어보자.

- 결혼 생활을 유지하는 게(또는 직장에 계속 다니는 게) 내 일에 어

떤 영향을 주는가?

- 결혼 생활을 유지하는 게(또는 직장에 계속 다니는 게) 내 신체적 건강에 어떤 영향을 주는가?
- 결혼 생활을 유지하는 게(또는 직장에 계속 다니는 게) 자녀 양육에 어떤 영향을 주는가?

이렇게 일곱 가지 영역을 대입해보면 좋다.

이 연습을 하는 것은 독이 되는 직장이나 학대적인 교회에 남아 있거나 가해자와 만나는 것이 삶의 다른 영역에 어떤 영향을 주고 있는지 명확하게 보여주기 위해서다. 생존자들은 이 연습을 끝낸 뒤에 학대 상황이 자신의 삶 전체를 가로막고 있다는 것을 확인하고 놀란다.

경계가 필요하다고 결정을 내릴 때 자신을 의심하며 자신의 판단력에 의문을 가진다면 경계를 세우기도, 유지하기도 어렵다. 생존자는 자신이 과잉반응을 보이거나 지나치게 예민한 게 아닌지 의심할 때가 많다. 가해자들이 자주 그런 말로 비난하기 때문에 그 말을 사실로 받아들이고 내면화하기가 쉽다. 나를 존중하지 않고 내 건강을 해치는 사람이 있다면 경계를 세울 필요가 있다. 경계를 세우는 방식이 극단적이거나 강압적일 필요는 없다. 조용하고 확고하게 경계를 세울 수도 있다. 예를 들어 독이 되는 사람과 쓸모없는 논쟁에 휘말리지 않는 것만으로도 건강한 경계를 세울 수 있다. 경계를 세우기가 어려운 이유는 또 있다. 그 사람을 용서하지 못하고 분한 마음을 갖게 될까 봐 속으로 걱정하기 때문이다. 경계 세우기는 용서나 분노와는 아무 상관이 없다. 내 삶 속에 있는 사람들과 얼마나 수준 높은 상호작용을 하는가의 문제다.

생존자의 다수가 1단계 절망, 2단계 교육, 3단계 깨어남을 통과하고 나서 4단계인 경계 세우기에서 무력함을 느낀다. 이 지점에서 어디로 가야 할지 모른다. 뭔가 큰 결단이 필요한 상황이라는 걸 인식할 만큼 충분한 지식은 있지만, 막상 실행하려고 하니 매우 두렵다. 어떤 생존자는 가해자에게 돌아가 자신이 학대받은 사실을 모르는 척하려 애쓰기도 한다. 현실을 부정하는 것은 우리 앞에 놓인 진실을 무시하는 행위다. 생존자가 보이지 않는 학대를 겪고 있다는 사실을 인정하지 않고 싶어하는 것이다. 생존자가 바로 여기서 회복 과정을 멈추기로 한다면 그것은 생존자의 선택이며 나는 이를 존중한다. 연구 결과에 따르면 건강하지 않은 관계에서 떠나려면 수많은 시도가 필요하다. 나는 모든 생존자가 회복의 어느 단계에 있건 간에 환대받는 느낌을 받았으면 한다. 치유 커뮤니티는 생존자를 지지하고 격려하기 위해 존재한다. 우리가 원하는 대로 하지 않는다고 수치심을 줘서는 안 된다.

경계 세우기가 어떤 모습으로 나타나는지 궁금해 하는 사람들을 위해, 심리치료사 입장에서 가장 흔히 접하는 두 가지 상황을 함께 살펴보자. 첫 번째는 감정적인 거리 두기(Detached Contact), 두 번째는 연락 끊기(No Contact) 방법이다.

그 사람과 함께 있을 때 불안해하지 않고
냉정함을 유지하는 법

감정적인 거리 두기는, 단순히 가해자와 접촉하는 시간을 제한하는 것만을 의미하지 않는다. 핵심은 생존자의 마음 자세에 있다. 가해자와 생존자가 여전히 상호작용을 하지만 학대라는 것을 알기 전과는 완전히 다른 색채를 띤다. 감정적인 거리 두기는 생존자의 감정적인 상태에 초점을 둔다. 학대에서 회복하려면 무엇이 필요한지, 어느 정도로 관계를 유지할지 결정하는 것은 완전히 생존자의 몫이다. 치유 과정을 시작하기 전에 가해자는 생존자를 함부로 대했다. 혐오스러운 말로 생존자를 깊이 찌르고 심리게임을 벌이며 사람을 망가뜨렸다. 회복이 시작되면 생존자는 여러 가지 이유에서 감정적인 거리 두기를 선택한다. 생존자는 이제 독이 되는 환경에서 벌어지는 일을 완전히 이해한다. 이러한 변화는 생존자에게 큰 힘을 준다. 감정적인 거리 두기는 여러 상황에서 효과가 있다. 어떤 생존자는 가해자와 결혼생활을 유지하기로 했지만 감정적인 거리 두기를 전략적으로 이행하고 있다. 생존자가 자기 인생을 위해 올바른 선택을 하는 데 교육이 큰 도움이 된다.

나는 새로운 내담자와 상담할 때 우선 가해자와 감정적, 신체적인 접촉을 제한할 것을 권한다. 내담자가 가해자에게서 조금씩 떨어지게 하면서 디톡스 과정을 돕는다. 당장 안전이 우려된다면 서서히 디톡스 하는 것은 효과가 없을 것이고 떠나는 게 유일한 방법이다. 솔직히 내담자가 내게 상담을 받으러 올 때 대개 이 정도의 상황은 아니다. 대다수는 반사적으로 반응하지 않고, 심사숙고해서 결정하고 신중하게 계획을 세울 수 있을 만큼 신체적, 감정적으로 안전한 상태다.

감정적인 거리 두기는 독이 되는 사람이 전화했을 때 바로 받지 않고 30분 동안 기다렸다가 전화 거는 일부터 시작한다. 생존자는 이 시간 동안 불안감을 달랜다. 보통 생존자는 가해자가 벌떡 일어나 움직이라고 신호했을 때 움직이지 않으면 불안감을 느낀다. 독이 되는 직장동료와 개인적인 대화를 길게 나누지 않는 것도 감정적인 거리 두기다. 대신에 표면적인 대화만 나눈다. 학대하는 교회 지도자가 자원봉사를 요구할 때 '안 된다'고 말하는 것도 감정적인 거리 두기라고 할 수 있다. 조금씩 앞으로 나아가면서 가해자로부터 독립하는 것은 학대에서 벗어나 회복하는 데 정말 중요하다. 생존자는 독이 되는 관계의 방향을 부드럽지만 단호하게 바꾸기 시작할 때 자신감을 얻는다. 트라우마적 결합(간헐적 강화)이 일어났을 때 필요한 화학적인 디톡스에도 도움이 된다. 가해자와 만나면서 감정의 노예가 되어버린 생존자가 감정의 쇠사슬을 끊어내는 게 가능할까? 확실히 가능하다. 내가 수년간, 매일 목격했다. 어렵지 않을까? 분명 어려운 일이다. 하지만 연락을 끊는 것도 어렵긴 마찬가지다. 심리적으로 학대하는 사람이 독을 퍼뜨렸을 때 쉬운 선택지는 없다. 정신건강 측면에서 내가 강조하고 싶은 것은, 생존자가 가해자와 접촉을 계속하면서도 치유는 가능하다는 점이다. 중요한 건 환경이 얼마나 해가 되는지와 해를 입은 사람에게 미치는 영향이다. 생존자가 독이 되는 관계에 대해서 인생이 달린 큰 결정을 내려야 할 때 상담이 정말로 도움이 된다.

한 집에 살지 않는 연인과 연락을 끊는 것과 자식과 손자가 있는 사람이 30년 넘게 같이 산 배우자와 이혼하는 것은 커다란 차이가 있다. 마찬가지로 5년 동안 다닌 회사를 그만두는 것과 동업자가 심리적으로 학대하는 사람이라 지분을 매각하려고 하는 것에도 어마어마한 차이가 있다. 솔직히 나는 정신건강 전문가가 아닌 사람들이 가해자와 연락을 끊는 것만이 진정으로 회복하는 길이라고 말하는 것에 진력이 나려고 한다. 이는 단지 개인적인 경험일 뿐이며 잘못된 의견이다. 자신과 매우 다른 환경에 있는 사람들에게 자기 경험을 투사하는 것이다. 생존자가 스스로 모든 선택사항을 살펴보아야 한다는 점을 잊지 말자. 밤에 잠자리에 누웠을 때 잘한 선택이라고 느껴야 한다. 나는 당신의 세상에 살지 않는다. 치유 커뮤니티의 지지자들도 마찬가지다. 당신에게 맞는 방식으로 해야 한다. 감정적인 거리 두기가 맞을 수도 있고 아닐 수도 있다.

감정적인 거리 두기는 가족 관계에서 자주 볼 수 있다. 가족 중에 학대를 하는 사람이 한 사람, 심지어 몇 사람이 있다고 해도 가족들과 관계를 유지하는 경우가 많다. 아이들이 친척들을 보지 못하고 지내기를 원치 않기 때문일 것이다. 이런 상황에서 생존자는 감정적 거리 두기를 통해 감정적, 신체적으로 안전한 거리를 찾으려고 한다. 그렇지 못하다면 연락을 끊는 게 제일 건강한 선택일지도 모른다. 잠시 후 이에 대해서 더 알아보도록 하자. 감정적인 거리 두기가 목적이라면 어떤 방식이 될지는 사람마다 다르다. 감정적인 거리 두기가 적절한지 결정을 내리고자 할 때 내가 자주 하는 질문이 있다.

- 과거에 효과를 본 방법은 무엇인가?
- 과거에 효과가 없었던 방법은 무엇인가?
- 가해자와 연락하는 게 불안해지는 시점은 언제인가?
- 주변에 있는 안전한 사람들은 누구인가?
- 주변에 있는 가해자는 누구인가?
- 하루를 더 잘 보내기 위해 필요한 것이 있다면 무엇일까?
- 하루를 마감하며, 만약 일어났다면 정말 속상했을 만한 일은 무엇인가?

위 질문에 대한 답을 바탕으로 전술을 마련할 수 있다. 감정적인 거리 두기를 완벽히 시행하는 데는 시간이 걸린다. 하지만 나는 생존자들이 잘 해내는 모습을 지켜보았다. 가해자와 관계를 유지하기로 결정한다면 항상 셀프케어가 기본이다. 생존자가 관계에 대해 어떻게 생각하는지와 상관없이 선택의 여지가 없는 상황도 있다. 가해자와 양육권을 공동으로 갖거나 연로하신 부모님을 보살펴드려야 하는 경우가 그런 예다. 감정적으로 거리 두는 법을 배우고 내면의 대화를 자각하는 것은 회복에 필수적이다. 감정적인 거리 두기란 독이 되는 사람과 함께 있는 동안 감정적으로 냉정함을 유지하는 것이다. 연락을 제한하고도 하루 종일 감당할 수 없을 정도로 불안을 느끼는 게 아니다. 생존자가 가해자와 연락하면서 완전한 공포를 경험한다면 치유에 가속이 붙지 않는다. 심리적 학대에 대한 식견이 있는 심리치료사나 라이프 코치 또는 멘토의 도움을 받아 자신의 개인적인 상황에 맞는 구체적인 방법을 배우면 건강한 수준의 감정적인 거리 두기를 할 수 있을 것이다. 생존자는 생각을 제어해서 더 건강한 내면의 메시지로 불안을 대체하고 적절하게 경계를 세우는 법을 배워야 한다.

당신 스스로 감정적 거리 두기 계획을 세우려 한다면 다음 사항을 고려해보아야 한다.

감정적으로 거리를 둘 때
고려해야 할 것

• 감정적인 거리 두기의 성공 여부는 주변에 있는 건강한 사람들의 지지도에 절대적으로 달려 있다. 지지해주는 사람이 몇 명인지가 아니라 그 사람들과 탄탄한 관계를 맺고 있느냐가 중요하다. 고립되어 있어 당신을 응원해주는 이가 아무도 없다면, 당신을 사랑해주고 웃을 수 있게 해주는 사람이 없다면, 독이 되는 사람과 감정적인 거리를 두기가 정말 어렵다.

- 감정적인 거리 두기는 생존자의 생각에서 시작된다. 생각하는 대로 느끼게 된다. 따라서 생존자는 나르시시스트, 소시오패스, 사이코패스로 인해서 왜곡된 생각을 갖게 되었음을 스스로에게 꾸준히 상기시켜야 한다. 모든 비난을 내면화하려는 욕구와 싸워야 한다. 독이 되는 사람이 당신을 겨냥할 때 받아주고 싶은 마음에 저항해야 한다. 사람을 미치게 하는 가해자의 행동이 또다시 시작될 때 '이건 저 사람 문제지 내 문제가 아니야'라고 생각하면 중심을 잡는 데 도움이 된다.

- 앞서 언급했듯이 스포트라이트를 받는 장면을 예로 들어 설명하겠다. 독이 되는 사람이 터무니없는 말이나 행동을 해서 스포트라이트를 받는다. 이때 생존자가 화를 내거나 감정이 격앙되면 스포트라이트가 어디로 이동할까? 생존자에게로 온다. 독이 되는 사람은 이런 상황을 너무나 좋아한다. 더 이상 가해자의 학대 행동이 문제가 아니라 생존자가 문제가 된다. 이런 상황을 만들지 않으려면 침착하게, 독이 되는 사람에게 스포트라이트가 계속 향하도록 해야 감정적인 거리 두기에 성공한다. 물론 쉬운 일이 아니다. 어떤 상황에서는 가해자와 연락을 유지하는 것이 타당할 때도 있다. 회복 과정을 진전시키려면 생존자에게 기술이 필요하다.

- 심리적으로 학대하는 사람들은 역사 새로 쓰기를 좋아한다. 과거에 있었던 일을 이야기하면서 실제로 벌어졌던 상황을 완전히 바꿔버린다. 생존자 입장에서는 정말 화가 난다. 이로 인해

감정적인 소용돌이에 휩싸이기도 한다. 독이 되는 사람이 만든 거짓말 회오리에 따라 들어가지 않는 게 핵심이다. 감정적인 거리 두기를 하고 있다면 차분하고 단호하게 실제로 있었던 일을 지적하는 기술을 연마할 필요가 있다. 한두 번 말하면 끝이다. 감정적으로 거리를 둘 때 독이 되는 사람이 하는 이야기의 모순을 지적하는 것이 중요하다. 어떤 가해자는 생존자가 화를 내지 않고 단호하게 말을 받아치면 격노할 것이다. 이런 상황에서는 감정적인 거리 두기가 안전한 선택이 아닐 수도 있다. 이때는 연락을 끊는 것이 유일한 방법일 수 있다. 심리치료사나 라이프 코치의 도움을 받아 함께 상황을 들여다볼 필요가 있다.

• 생존자가 안정을 유지하고, 독이 되는 사람의 행동에 휘말려들지 않을 때 가해자의 '미친' 행동이 훨씬 더 선명하게 드러난다. 감정을 관리하는 능력을 습득한 생존자는 삶이 얼마나 또렷해지는지 자주 놀라곤 한다. 이들은 독이 되는 사람이 만드는 혼란을 인식할 수 있으며 어떤 게임을 벌이는지 정확하게 볼 수 있다. 생존자는 회복 과정에서 독이 되는 사람의 반응을 예측할 수 있는 지점에 다다르곤 한다. 더 이상 가해자의 기분에 따라 감정적으로 끌려다니지 않는 것이다. 생존자는 감정적으로 반응하지 않는 힘을 얻었다. 감정을 다스리는 법을 배우지 않으면 다른 누군가가 당신의 감정을 다루며 즐거워할 것이다. 부정적인 반응을 이끌어내기 좋아하는 사람이 당신을

제대로 자극하려고 할 것이다. 자제력을 갖는 것이 힘이 되고 치유에 도움이 된다.

- 독이 되는 사람은 어느 날은 함께 있으면 즐거운 사람이었다가 어느 날은 쓰레기 같은 인간이 된다. 한 사람이 마치 롤러코스터처럼 오락가락한다. 생존자는 독이 되는 사람이 변했다고 생각할지 모른다. 당신이 감정적인 거리 두기를 생각하고 있다면, 힘든 날이 다시 찾아올 거라는 사실을 절대 잊지 마시라. 생존자가 가장 상처받는 순간은 독이 되는 사람이 달라졌다고 생각했는데 같은 문제가 또다시 발생할 때다.

- 감정적으로 거리를 둘 때는 흔들림 없는 확고한 경계를 세워야 한다. 예를 들어보자. 독이 되는 사람이 술을 마시고 있다. 생존자는 그가 술을 마시고 운전하면 그 차에 타지 않겠다고 분명하게 말한다. 생존자는 택시를 부를 연락처를 핸드폰에 이미 저장해 두었다. 가해자는 자신을 '통제'하려 한다고 비난할 게 분명하다. 이때 가해자와 말씨름을 하거나 협조를 구하거나 화를 낼 필요가 없다. '원하면 술을 마셔라. 술을 먹지 말라는 게 아니다. 내 말은, 당신이 술을 마신다면 그 차에 함께 타지 않겠다는 것이다. 실컷 마셔라. 아무도 말리지 않는다. 난 언제나 내 안전을 보호할 것이고 이건 당신이 결정할 사항이 아니다.' 이렇게 답변해야 한다. 단호하고 명확한 어조로, 화를 내거나 소리 지르지 않고 할 말을 전달한다. 사실만 말하면 된다. 그 말을 받아들일지 말지는 가해자의 몫이다.

• 생존자는 감정적인 거리 두기를 할 때 자신이 바라는 대로가 아니라 있는 그대로 가해자를 받아들여야 한다. 아무리 기도해도 스스로 달라지기를 원하지 않는 사람을 변화시킬 수는 없다. 심리적으로 학대하는 자들은 자신의 생활 방식을 바꾸려고 하지 않는다. 가해자가 어떤 사람인지, 앞으로도 어떤 모습일지를 받아들이는 것이 감정적으로 거리를 두면서 회복의 길을 찾는 데 필수적이다. 지금도 희망을 버리지 않고 가해자가 달라지기를 기도하고 있다면, 아직 진정으로 깨닫지 못한 것이다. 당신을 판단하려는 게 아니다. 받아들이기 힘들다는 걸 이해한다. 학대를 받아들여야 한다고 말하는 것도 아니다. 받아들인다는 말을 '용인'한다는 말 대신 쓴 것이 아니다. 언젠가 그 사람이 더 좋은 사람이 될 거라는 희망은 이제 버려야 한다는 뜻이다. 이렇게 할 때 가해자와의 관계에서 힘의 변화가 일어난다. 생존자는 이제 가해자를 명확하게 파악하는 힘을 가졌다. 감정적인 거리 두기는 생존자가 명확하게 판단할 수 있어야만 가능하다.

이렇듯 감정적인 거리 두기는 쉽지 않은 여정이다. 나는 종종 감정적인 거리 두기와 연락 끊기를 알코올이나 약물 중독에서 회복하는 것에 비유한다. 가해자와 연락을 끊는 것은 다시는 술을 마시지 않거나 약물을 사용하지 않는 것과 같다. 중독에 빠졌던 사람이 남은 생을 술이나 약물을 하지 않고 살 수 있다. 물리적으로 가능하

다. 심리적으로 학대받은 사람이 가해자와 연락을 끊고 치유에 성
공해, 다시는 학대 상황으로 되돌아가지 않을 수도 있다. 반면 감정
적으로 거리 두기는 섭식장애에서 회복하는 것과 유사하다. 음식
을 먹지 않고 살 수 있는 사람은 없다. 매일 적어도 세 번 자신이 선
택한 음식이라는 약물을 마주해야 한다. 회복으로 가는 두 가지 길
모두 대단한 여정이며 개인적으로 힘들다. 연락을 끊음으로써 생
존자는 자신의 인생을 영원히 망가뜨릴 뻔한 악한 사람에게서 멀
어질 수 있다. 감정적인 거리 두기는 여전히 가해자를 마주하면서
도 가해자와 감정적으로 엮이지 않고 치유의 삶을 살아가는 과정이
다. 이렇듯 가해자와 연락을 끊는 것이 학대에서 더 멀어지는 방법
이다. 심리적 학대 치유 커뮤니티에서 가해자와 연락 끊기를 강력
히 지지하는 사람들이 많은 것도 이 때문이다. 하지만 매일 섭식장
애와 마주하는 용기 있는 사람, 감정적인 거리 두기를 선택할 수밖
에 없는 사람도 있다. 깨끗이 끝내지 못하는 경우도 있다는 말이다.

연락을 끊기로 결정할 때
고려해야 할 것

이제 심리적으로 학대하는 사람과 관계를 끊는 것이 최선의 방법
인 시점에 도달했다. 이 여정도 어려운 점이 있지만 일단 해를 입는
상황이 사라지고 여파가 잦아들면 연락을 끊는 것이 학대에서 벗어

나는 가장 확실한 방법이다. 나르시시스트, 소시오패스, 사이코패스와 연락하고 지내는 동안 이들이 생존자의 삶에 아무런 의미도 없다는 것을 인식하는 시점이 온다. 더 이상 이들이 반갑지 않은 것이다. 이 시점에서 생존자는 연락을 끊고 학대적인 심리게임의 노리개가 되는 것을 거부하기 시작한다. 생존자가 가해자의 어이없는 행동에 지쳐 학대에서 벗어나고자 하며 결국에는 뒤도 돌아보지 않고 정리한다는 것을 가해자는 짐작도 하지 못한다.

가해자와 연락을 끊을 수 있는 상황이라면, 그리고 이것이 치유를 위한 최선의 방법이라고 생각한다면 고려해야 할 점이 있다.

- 연락을 끊겠다고 결정해놓고 그 결정을 번복하고 싶을지도 모른다. 이런 날이 올 테니 준비하고 있으라. 한 번 갈등하고 나서 끝나는 게 아니다. 이런 날이 여러 번 있을 것이다. 안전한 계획을 세워두기 바란다. 다른 생존자에게 전화해 지지를 받는 것도 좋다.

- 많은 가해자가 목표물을 다시 낚아 대화를 시도한다. 이름 하여 후버링(Hoovering)인데, 독이 되는 사람이 생존자의 인생에 다시 나타나는 것을 뜻한다. 가해자는 지킬 수도 없고 지키지도 않을, 그리고 지킬 의향도 없는 약속을 하면서 다시 나타난다. 아직도 생존자를 통제하고 있으며 원할 때면 언제든지 닿는 곳에 있다는 믿음을 강화할 목적으로 후버링을 하는 것이다.

- 보통 가해자는 애정이나 관계 개선을 약속하며 다시 나타나는데, 다른 형태도 있다. 생존자와 다시 연락하기 위해 논쟁이나 극적인 사건을 일으키는 것이다. 내가 연구한 결과 이에 응답한 생존자 대부분이 이로 인해 매우 불쾌한 경험을 했다고 한다. 생존자가 논쟁적인 접촉에 다시 말려들도록 가해자가 제대로 자극한 것이다.

- 모든 가해자가 후버링을 하는 것은 아니다. 혼란스러울 것이다. 어떤 가해자는 후버링을 하고 또 어떤 가해자는 하지 않는다. 연락을 끊었는데 아직 노골적인 후버링을 겪지 않았다면, 가해자가 어떤 방식으로든 공식적으로 모습을 드러낼 것이다. 가장 흔히 쓰는 방법은 소셜미디어다. 자신의 계산된 모습을 보여줄 수 있기 때문이다. 당신이 없는 삶이 가능한 최대로 완벽하고 행복하게 보이게 하려고 노력할 것이다. 심리적으로 학대하는 자들은 절대 변하지 않는다는 사실을 기억하는 것이 정말 중요하다. 독이 되는 사람은 새로운 목표물을 찾아 이상화-평가절하-버리기 단계를 또다시 반복할 것이다. 예전의 연인만 연락을 끊은 생존자에게 나타나 해를 입히는 게 아니다. 회사나 교회 등 다양한 곳에서 후버링이 발생한다.

- 가해자와 거리가 멀어지면 생존자는 자신의 결정을 의심하게 된다. 시간이 흐른다고 모든 상처가 치유되지는 않지만, 어쨌거나 기억은 희미해진다. 당황스럽거나 무서운 일을 겪고 나서 훗날 그 이야기를 웃으면서 할 수 있는 것도 다 시간의 힘

이다. 가해자와 있었던 일에 대한 기억도 이와 비슷하다. 시간이 가면서 안 좋았던 기억이 희미해지면 연락을 끊은 것이 잘한 결정이었나 하는 의구심이 들 수도 있다. 이럴 땐 일기를 쓰거나 연락 끊기 목록을 써보는 게 큰 도움이 된다. 왜 가해자와 관계를 끊었어야 했는지 상기할 필요가 있기 때문이다. 핸드폰 배경에 학대 후 긍정적인 삶을 상징하는 사진을 저장해 놓기를 권한다. 연락을 끊음으로써 보호하려는 게 무엇인지 상기시켜 주니까 말이다.

• 새로운 인생을 만들어갈 필요가 있다. 새로운 친구를 만들거나, 새로운 교회에 나가거나, 이사를 하거나, 새로운 직장에 들어가거나, 새로운 연인을 만날 수도 있다. 가해자가 당신의 삶에 얼마나 큰 해를 입혔는지에 따라 어쩌면 이 모든 게 다 필요할지도 모르겠다. 새로운 장소나 사람들과 인연이 닿는 시기는 개인마다 다르다. 연락을 끊는 것은 해가 되는 사람과 공간을 떠나는 것이다. 앞으로 더는 그런 해를 입지 않기 위해서, 또는 더 건강한 선택을 하기 위함이다. 시간이 필요한 과정이니 인내심을 가져야 한다. 오랫동안 감정적으로 지치고 힘들다가도 다시 일어설 테니 말이다.

• 관계를 끝낸다는 것은 상대의 긍정적인 모습과도 이별하는 것이다. 항상 힘들기만 했다면 헤어지기가 쉬울 것이다. 좋았던 점을 그리며 슬퍼하는 것은 연락을 끊을 준비가 되었다는 의미다.

감정적인 거리 두기를 하건 연락을 끊건, 회복을 가로막는 주된 요인은 가해자의 반복적인 거짓말이다. 심리적으로 학대하는 자들은 세뇌기술을 이용해서 목표물에게 특정한 생각을 주입시킨다. 아래와 같은 생각을 예로 들 수 있다.

- 당신은 혼자 남겨질 것이다.
- 이 직업이 당신의 목표를 달성하는 유일한 길이다.
- 이 교회는 그분의 의지를 행하기 위해 선택된 유일한 교회다.
- 친구들은 만나고 헤어지지만 가족들은 끝까지 곁에 있는 사람들이다.

가해자가 심어 놓은 거짓말을 파헤치고 빈 구멍을 진실로 채워넣는 작업은 회복 과정의 핵심이다. 4단계(경계 설정)가 힘들더라도 낙심하지 말기 바란다. 가능하다면 심리치료사를 만나 상담을 몇 회 해보기 바란다. 상담이 불가능하다면 생존자 자조모임을 찾아보라. 어쩌면 이 책으로 독서모임을 하는 것이 좋은 대안일지도 모른다. 어떤 선택의 여지가 있는지 계속해서 알아보기 바란다. 이 단계가 어렵다는 것을 나도 알고 있다. 감정적인 거리 두기나 연락을 끊는 방법을 생각해내야 온전한 당신으로 살 수 있다. 심리적인 학대에서 회복하는 데 이것 말고 다른 방법은 없다.

5단계 복구

도둑맞은 삶을 다시 찾아오기

심리적 학대의 생존자가 절망을 경험하고(1단계), 심리적 학대의 구체적인 내용을 배우고(2단계), 회복이 가능하다는 걸 깨닫고(3단계), 경계를 세우고 나면(4단계), 다음은 복구의 단계다. 복구란 경제적인 안정, 신체 건강, 정신 건강, 그 외에도 생존자가 학대받는 동안 도둑맞은 손실에 대한 복구를 말한다. 이 단계는 회복을 위해 그동안 기울인 노력이 가시적으로 열매를 맺기 시작하면서 생존자에게 힘을 북돋아준다. 복구는 당신이 생각하는 것보다 오래 걸릴 수 있으니 회복 과정에 인내심을 갖는 것이 좋다. 인내심이 없으면 쉽게 낙담할 수 있다.

생존자가 회복 단계에 도달했음을 알리는 신호는, 치유에 대한 공부와 연관 없는 일을 하면서 자유 시간을 보내고 싶어 하는 것이다. 생존자들은 5단계까지 오는 동안 습득한 지식으로 인해 포화 상태에 이르렀다고 말한다. 생존자가 나르시시스트, 소시오패스,

사이코패스에 대한 자료를 읽고 싶어하지 않을 때가 많다. 그렇다고 치유를 위해 만난 사람들이나 그간의 경험을 거부하는 것은 아니다. 이것은 정상적인 생활로 돌아가고 있다는 긍정적인 신호다. 어린 시절에 학대를 받은 경우라면 이런 현상이 처음일 것이다. 이 단계에서 생존자는 새로운 취미를 가지려고 하고 자신의 삶을 윤택하게 하는 일에 끌린다. 이는 바람직한 현상이며 새로운 모험의 촉매제가 될 수 있다.

5단계(복구)에서 큰 장애물이 버티고 있다. 당신이 회복돼서 진정으로 삶을 다시 시작하면 가해자가 책임에서 자유로워지는 게 아닌가 하는 의식적, 무의식적인 믿음이다. 생존자가 고통스러워하는 모습은 생존자 자신과 가해자, 그리고 세상에 생존자가 어떤 피해를 입었는지 생생하게 보여주는 증거와 같다. 이런 생각이 어디서 연유하는지 나는 충분히 이해한다. 어떤 면에서는 말이 되는 소리다. 망가진 잔해는 파괴에 대한 기념비가 된다. 불에 탄 건물이나 사고 후 망가진 자동차와 다르지 않다. 모든 걸 집어삼킨 뜨거운 불길이 남긴 상처가 건물에 남아 있다. 자동차는 찌그러지고 유리창은 깨졌다. 건물과 자동차가 망가진 채로 남아 있으면 모두가 상처를 볼 수 있다. 하지만 결국 건물은 재건되어야 하고 자동차는 수리되거나 폐차되어야 한다. 어떤 식으로든 삶은 계속된다.

'피해자다운' 모습을 유지하려는
당신의 무의식

심리적인 학대에서 회복하려면 생존자가 어느 시점에서는 다시 살기를 선택해야만 한다. 까맣게 타들어간, 으스러진 마음속에 자신을 가두어 놓는 내면의 메시지를 보아야 한다. 복구 단계에 들어가는 것이 가해자가 아무런 잘못을 저지르지 않았음을 의미하는 건 아니다. 앞으로 나아가는 것이 가해자로 인해 당신이 해를 입지 않았다는 의미도 아니다. 복구 단계에서 생존자는, 어쩌면 처음으로 삶에 다시 희망을 갖게 된다.

생존자가 남은 인생을 망가진 채 보낸다 할지라도 가해자에게 아무런 영향을 미치지 않는다는 사실을 반드시 기억해야 한다. 생존자가 겪는 충격을 가해자는 경험하지 않는다. 가해자는 생존자처럼 고통을 겪지 않고 곧바로 자기 생활을 계속해 나간다. 누구와도 진실된 관계를 맺지 못하기 때문에 거짓된 관계를 끊고 자기 갈 길을 가기가 쉬운 거다. 자신이 겪은 일을 세상에 보여주기 위해 '피해자다운' 모습을 유지하겠다는 것은 다른 사람을 해치기 위해 독을 마시겠다는 생각과도 같다. 치유하고 인생을 다시 살기를 무의식적으로 거부한다 해도 아무런 보상도 받지 못한다. 잘 사는 것이 학대가 일어나지 않았음을 뜻하는 건 아니다. 학대로 인해 복구가 안 될 정도로 당신이 망가지지는 않았음을 의미한다. 당신이 잘 살고 있는 모습을 가해자가 보면 좋을 텐데 말이다. 보지 못하면 또 어떠랴.

중요한 것은 당신 인생이다. 복구 단계를 거치면 당신의 삶이 더 이상 가해자에게 통제받지 않는다는 것을 알게 된다. 앞으로 더 좋은 날들이 다가올 거라고 믿기 시작할 것이다. 실제로 앞으로 더 괜찮아질 것이다. 당신이 좋아질 걸 생각하니 내가 신이 난다.

이제 내담자가 꿈을 갖기 시작해도 될 단계에 왔다. 회복의 길을 충분히 걸어왔으니 학대받는 동안 도둑맞은 것을 다시 채워 넣기 시작할 때다. 생존자는 이제 진정한 복구를 갈망할 정도로 치유가 되어 새로움과 활력을 원한다. 복구 단계에 도달한 생존자는 가해자가 남겨 놓은 구멍을 메우고자 한다. 너무나도 긴 시간 동안 생존자는 인생을 도둑맞았고 삶이 파괴되었다. 복구 단계는 꿈을 가질 기회라고 생각하고 큰 꿈을 꾸면 좋겠다! 순식간에 이뤄질 거란 말은 아니다. 아직 되찾지 못한 당신의 모습을 세세하게 파악하지 못하면 절대 돌아오지 않을 것이다. 무엇으로도 대체할 수 없는 부분도 있다. 하지만 복구의 즐거움을 경험하는 방법은 수없이 많다.

편안한 자세를 취해보자. 차를 좋아하면 따뜻한 차를 준비해도 좋다. 호흡하면서 긴장을 풀어보자. 지금부터 삶에서 복구가 필요한 영역에 대해 생각해볼 것이다. 목록을 작성하는 일이 부담스럽지 않길 바란다. 이 단계에서는 무엇보다 희망을 갖는 게 목표다. 모든 면에서 새로워지는 것이 5단계의 핵심이다. 완벽주의에 빠지거나 인내심의 한계를 느낀다면 몇 시간, 아니 며칠간 책을 덮어 두어도 좋다. 잠시 잊고 있다가 돌아와도 책은 여전히 여기 있을 테니까. 모든 일에는 적절한 시기가 있다. 복구 작업에 압도당하지 마

라. 에너지가 있을 때 이 단계를 시작해야 한다.

많은 생존자들이 공통적으로 복구가 필요하다고 생각한 부분은 다음과 같다.

- 휴가, 명절 등 기념일을 즐기는 것
- 경제적인 안정: 빚을 청산하고 저축을 늘리는 것
- 신체적인 건강 회복: 에너지 레벨을 일정하게 유지하는 것, 신체 통증의 감소 및 질병 치료
- 정서적인 건강 회복: 불안, 걱정, 우울감이 현저히 줄어들거나 완전히 벗어나기
- 학대받는 동안 망가지거나 빼앗긴 물건의 대체품 찾기

학대받은 시간을 되돌릴 수는 없지만 없어진 부분을 보완할 수는 있다. 나는 '보완'한다는 말을 좋아한다. 이 말에는 좋지 않거나 불쾌한 것을 받아들일 수 있는, 더 나은 것으로 만든다는 의미가 들어 있다. 생존자가 잃어버린 것을 보완하려고 의식적인 노력을 하지 않으면 변화 과정이 느슨해진다. 당신이 잃어버린 것은 가해자에게 짓밟힌 채로 그대로 땅에 떨어져 있다. 다시 삶 속에 들여놓지 못할 테니 정말로 비극적인 일이다. 가해자가 생존자에게 가하는 온갖 공격적인 행동 중에서 좋은 것을 빼앗아가는 행위가 제일 화가 난다. 나는 이 점이 정말로 불쾌하다. 어떻게 감히 남의 인생에 들어와서 삶을 파괴할 수 있다고 생각한단 말인가? 가해자의 건방짐은

믿기 어려울 정도다.

구체적인 예를 통해서 생존자의 삶의 영역이 어떻게 보완될 수 있는지 함께 살펴보자.

그 사람이 휴가와
기념일을 망쳐놓는 이유

생존자는 독이 되는 사람이 왜 항상 휴가와 명절, 그리고 삶의 특별한 순간들을 망쳐버리는 건지 이해할 수 없다고 말한다. 심리적인 학대에서 회복하는 과정이 그렇듯, 한마디로 모든 상황을 설명할 수는 없다. 가해자로 인해 명절이나 기념일에 불쾌한 경험을 한 이유에 대해 몇 가지 이론을 들어 생각해볼 수 있다. 나르시시스트, 소시오패스, 사이코패스는 애착 장애가 있는 사람들이다. 따라서 이들은 관계가 가까워지는 시기를 불편해한다. 따라서 의도적으로 문제를 일으켜 자신과 다른 사람들 사이에 감정적인 거리를 만든다. 휴가를 가면 팀워크와 상호 협력이 필요하다. 독이 되는 사람에게는 이런 관계의 기술이 없다. 이런 기술을 배우려고 하지도 않는다. 뭔가 자기 뜻대로 되지 않을 때 분란을 일으키고, 이런 행동에 대해 죄책감을 느끼지 않는다. 휴가 중이거나 생일, 추석, 크리스마스 같은 날이라도 마찬가지다. 이들에게 특별한 날이란 없다. 어떤 날이라도 자기 성질대로 망쳐버릴 수 있다. 특별한 행사가 가해자

위주로 진행되지 않고 사람들의 관심이 다른 데로 쏠리면 견디지 못한다. 이들은 의도적으로 그날을 망쳐놓는다. 학대하는 자들은 사람들이 특별한 순간을 즐기도록 자신의 불만을 접어놓지 못한다. 자기 기분대로 행동해서 사람들에게 좋은 기억으로 남을 수 있었을 순간을 망쳐놓는다. 심지어 자기 자식에게도 이렇게 행동한다.

생존자의 삶에서 이 영역을 복구하려면 어떻게 하면 좋을까? 가해자와 감정적으로 거리를 두고 있다면 가해자 없이 별도의 기념일을 가져보자. 자신에게 작은 선물을 해주고, 가보고 싶었던 레스토랑에 가서 점심을 먹고, 자신에게 꽃다발을 사주면 어떨까. 상대가 인생의 특별한 날과 성취를 기념해주지 않는다고 해서 그날을 무의미하게 보내야 하는 것은 아니다. 스스로를 존중하지 않는 것은 가해자의 독이 되는 의도에 동의하는 것이며 자신을 학대하는 것이다.

독이 되는 사람과 함께 지내면서 휴가를 망친 적이 많았을 것이다. 어쩌면 너무 자주 그런 일을 겪어서 지금은 가해자와 연락을 끊었음에도 불구하고 아직 휴가 갈 생각이 들지 않을지도 모른다. 심리적인 학대로 인한 상처가 지속될 때 많은 생존자는 외상 후 스트레스 장애(PTSD)의 진단 기준에 부합하는 증세로 어려움을 겪는다. 불쾌한 반응이 나타나는 장소와 기억을 피하는 것도 그 증세다. 학대 경험 후에 휴가를 떠나기 망설여지거나 정말로 두렵다면 살고 있는 지역의 호텔에서 하루이틀 정도 묵으며 '호캉스'를 즐길 수도 있다. 인터넷으로 가격이 괜찮은 호텔을 찾아보자. 마감이 임박한 여행상품이라면 좋은 조건이 많다. 수영복을 챙겨서 호텔 편의시설을 즐기러 떠나라. 예산이 맞는다면 룸서비스를 이용해보라. 예산이 없다면 나가서 제일 좋아하는 음식을 사 들고 오면 된다. 호텔방 침대에 기대 앉아 편하게 음식을 먹어보자. 회복된 삶이 주는 평온함에 흠뻑 젖는 시간이다. 호텔 피크닉을 즐겨라. 아무 이유도 없이 싸움을 거는 '어른아이'는 그곳에 없다는 사실을 기억하고 잠시 멈춤의 시간을 가져보자. 호들갑 떨며 자기 입장만 내세우고 끊임없이 요구를 하는 사람은 거기 없다. 틀에 박힌 일상에서 벗어나 즐기기 위해 여기 온 것이다. 치유를 위해 떠나온 여행이다. 살고 있는 지역에서 호텔에 머무는 게 힐링이 될까? 그렇다. 가해자가 당신에게 원했던 것과 정반대의 기분으로 지낼 수 있기 때문이다. 가해자는 당신이 진이 빠지고 불안한 채로 자신의 필요에 부응하기를 원했다. 하지만 지금은 어떤가. 이제 당신은 그런 말도 안 되는 짓은 하지 않는다. 일상에서 벗어나 저녁 시간을 즐기고 있으며 그동안 노력한 대가로 휴식을 취하는 중이다. 혼자일 수도, 아이들과 함께일 수도, 친구와 함께일 수도 있다. 그런 건 중요하지 않다. 가해자 때문에 한때는 금지였던 영역으로 조금씩, 안전한 걸음을 내딛음으로써 잠재의식을 재구성하고, 이것은 안전한 활동이며 가해자는 없다는 것을 새삼 확인하게 된다.

감정적인 거리를 두고 있는 가해자와 함께하는 여행을 계획 중이라면, 그에 맞게 회복을 누릴 수 있는 방법이 있다. 휴가를 계획할 때 휴가지에서 하고 싶은 목록을 만들어보자. 여기서 핵심은 실제로 당신이 컨트롤할 수 있는 목록을 작성하는 것이다. 가해자의 기분은 당신이 절대 컨트롤할 수 없다. 하지만 며칠간 일에서 벗어나는 즐거움은 선택할 수 있다. 당신은 비행기가 활주로를 달려 날아오르는 순간을 만끽하고, 삶의 작은 즐거움을 알게 해주는 휴가지를 발견할 수 있다. 독이 되는 사람이 거는 싸움에 휘말리지 않는 방법이 있다. 휴가 동안 갈등에서 분리되는 기술을 이용하면 일이 더 순조로울 것이다. 혼자 보내는 시간은 인내심을 갖는 데 절대적으로 도움이 된다. 그토록 원했던 휴식을 위한 시간이기도 하다. 감정적인 거리 두기를 하는 생존자는 휴가를 일주일 이상 떠나지 않는 경우가 많다. 이유가 무엇일까? 독이 되는 사람과 너무 긴 시간 동안 가까이 있고 싶지 않기 때문이다. 여행 초반의 행복감에 집중하고 평온한 분위기를 유지하려면 짧게 4~5일 정도 여행하는 게 더 나을지도 모른다. 보통 여행 6~7일차에 삐걱거림이 시작되며 독이 되는 사람이 원래의 불쾌한 모습으로 되돌아간다는 것을 경험한 사람들이 많다. 그렇다면 해결책은 무엇일까? 짧은 여행을 가는 것이다. 그리고 여행지에서 셀프케어를 계획해두자. 각자에게 맞는 방법이 있을 테니 시간을 내어 자신을 위한 계획을 세워보도록 하자.

경제적인 학대의
두 가지 유형

재정적인 학대는 실제로 일어나며 두 가지 형태를 띤다. 첫 번째는 독이 되는 사람이 생존자를 더 깊이 통제하기 위해 의도적으로 의존하도록 유도하는 것이다. 독이 되는 사람은 생존자가 재정적인 독립을 이루지 못하도록 방해하거나, 마음 써주는 척하면서 자신에게 의존하게 만든다. 나르시시스트, 소시오패스, 사이코패스에게서 경제적으로 자립하는 것은 생존자가 자유를 찾는 데 핵심적인 요소다. 어떤 상황이든지 생존자는 스스로를 경제적으로 부양할 수 있음을 깨달아야 한다. 재정적인 학대의 두 번째 형태는 가해자에게 과도하게 발달된 권리 의식이 있을 때 나타난다. 독이 되는 사람은 의도적으로 생존자에게 의존함으로써 생존자가 경제적으로 책임져야 한다는 의무감을 느끼게 만든다. 이것이 재정적인 학대다. 예를 들어보자. 경제적으로 힘든 상황이거나 한 사람이 감당하기에는 너무 큰 짐이 있는데도 학대하는 배우자는 일을 하지 않는다. 독이 되는 사람은 남을 이용하는 데 거리낌이 없으며 생존자의 건강과 행복에도 관심이 없다. 이런 유형의 가해자는 배우자를 돈 버는 기계나 공급원으로 이용한다. 건강한 가정 경제를 함께 만들어가는 사랑하는 파트너로 보지 않는 것이다.

생존자가 경제 문제를 어떻게 바라보는지에 따라 매우 구체적으로 보완이 이루어진다. 학대받는 동안 경제적으로 어떤 고민을 했는지 리스트를 작성해보기 바란다. 리스트를 보면서 할 수 있는 일을 단계별로 나누어 생각해본다. 여기서 목표는 앞으로 나아가는 것이다. 재정적인 학대나 잘못된 재정 관리에서 벗어나는 데는 긴 시간이 걸린다. 시작을 하고 목표점을 향해 천천히 걸어가는 게 핵심이다. 예를 들어 저축을 더 많이 해야 한다면 은행에 가서 계좌를 개설하라. 계좌를 여는 데 시간이 오래 걸리지도 않는다. 현금을 확인하고 새로 개설한 계좌로 자동이체를 신청하라. 이체 액수가 한 달에 만 원이라도 상관없다. 일단 시작하라. 앞으로 나아가기 시작하면 마법 같은 일이 생긴다. 탄력이 붙어 좋은 일이 생길 것이다. 움직이기 시작했고 앞으로 나아가고 있다! 가슴 설레는 일이다.

건강검진이
필요한 시간

심리적으로 학대받으면 생물학적인 변화가 일어난다. 이런 변화는 생존자의 전반적인 신체 건강에 강력한 영향을 미친다. 신체가 감당할 수 있는 스트레스의 양에는 한계가 있다. 결국 학대에 대한 반응으로 신체 기능이 정지되기 시작한다. 독이 되는 사람에게 '무방비로 노출'되어 있을 때, 생존자는 말 그대로 파괴되기 시작한다. 이는 회복 단계 이전에 생존자가 가해자와 접촉할 때 일어난다. 내가 이를 무방비로 노출된 상태라고 부르는 이유는 생존자를 보호해줄 장비가 없었기 때문이다. 생존자는 몹시 취약한 상태로 해를 입히기 쉬운 목표물이었다. 무방비 상태에서는 온갖 독이 생존자에게 침투한다. 인간관계가 건강을 해치기 시작한다면 심각한 위험 신호로 간주해야 한다. 많은 이들이 자가면역질환과 섭식장애, 만성염증 등 학대로 인한 여러 가지 신체적 징후에 시달리고 있다. 복구 단계가 힘을 발휘하기 위해서는 자신이 입은 피해를 정직하게 직면해야 한다. 문제라고 인정하지 않는데 회복이 될 리는 없다. 심리적인 학대가 당신의 건강에 어떤 영향을 주었는가? 회복 단계는 종합적인 건강검진을 받고 혈구 수치를 알아보기에 좋은 시기다. 내담자가 찾아와 우울증 증세로 힘들어할 때 나는 최근에 병원에서 검진을 받은 적이 있는지 항상 물어본다. 만약 없다면 즉시 건강검진을 받으라고 권한다. 갑상선 문제가 우울증 증세와 비슷할 때가 종종 있는데, 신체적인 질환을 정신건강 분야에서 치료하지는 않는다. 반대의 경우도 마찬가지다. 근본적인 질병이 없다면 심리적인 학대에서 치유되기 위해 해야 할 일이 있다.

생존자는 섬유근육통 같은 염증성 질환 증세를 흔히 보인다. 면역 체계가 신체를 공격할 때 염증이 발생한다. 물론 이것은 의료분야 비전문가의 설명이다. 만성적인 통증이나 소화 문제, 편두통, 또는 다른 신체적 증상이 있다면 자신을 잘 돌보기 바란다. 나처럼 서양의학에 그다지 끌리지 않는 사람이라면 대체의학 전문가를 찾아가도 좋다. 침술, 척추 지압, 마사지 요법으로 학대 후 회복에 도움을 받은 생존자들이 많다.

나는 규칙적인 운동 예찬자다. 트레이너를 고용해서 매일 두 시간씩 운동할 필요는 없다. 실제로 그렇게 강도 높은 운동은 권하지 않는다. 회복하고자 하는 생존자에게 매일 두 시간씩 운동할 정도의 에너지가 어디 있단 말인가? 그럴 힘이 없다. 회복 초기에는 피로하지 않는 정도로 신체를 움직이면서 뇌 화학물질이 잘 흐르게 하는 운동이 가장 좋다. 20분 정도로 짧게 하는 운동을 고려해보기 바란다. 회복 초반에 과도한 운동이 도움이 되지 않는 이유는 대부분의 생존자가 정서적으로나 신체적으로 진이 다 빠지다 못해 완전히 피폐해진 상태이기 때문이다. 신체의 모든 에너지가 발바닥으로 조용히 빠져나간 것 같다고 말하는 사람도 있었다. 에너지가 고갈돼 완전히 텅 빈 상태가 된 것이다. 회복을 시작할 때는 에너지가 많이 남아 있지 않다. 피로감이라는 말로는 그 느낌을 묘사조차 할 수 없다. 기력이 없는 상태에서 과도한 운동을 하면 오히려 역효과를 낳는다.

나는 핫요가를 좋아한다. 심각하게 하는 요가가 아니라 적당히 스트레칭과 호흡을 하는 요가 말이다. 어떤 사람들은 수영을 즐기고 또 어떤 이들은 밖에 나가 달리기를 좋아한다. 어떤 운동을 하던 간에 가능한 꾸준히 하면 좋겠다. 의료진과 상담해서 특별한 주의사항은 없는지 확인하기 바란다. 현재 운동을 하지 않고 있다면 이번 주에 한 번 운동한다는 목표를 세워라. 그 정도만 해도 된다. 이번 주는 한 번만 하고 다음 주에는 두 번 운동하도록 노력해보라. 그다음 주에는 세 번이다. 정상적인 수준으로 에너지가 유지될 때까지 일주일에 세 번 운동하기로 한다. 생존자는 갖고 있는 에너지 이상이 요구되는 운동은 할 수 없다. 운동량이 그 이상이 되면 채우고자 하는 에너지 탱크가 고갈된다. 게다가 가볍고 적당한 강도로 운동하면 뇌 화학물질이 분비돼 항불안제와 항우울제를 복용하는 것과 같은 효과가 나타나기도 한다. 약물로 도움을 받는 사람들도 많다. 운동을 통해 기분이 좋아진다면 약물 복용보다 훨씬 더 나을 것이다. 학대의 강도에 따라 생존자의 회복을 위해 복합적인 치료가 필요할 때가 있다. 적절한 시기에 적절한 치료를 받는 것은 큰 도움이 된다.

학대당하면서도 의존하는 심리

이전에 우울증 증세가 있었던 사람이 심리적인 학대의 표적이 된 경우라면 더욱 조심할 필요가 있다. 왜 그럴까? 독이 되는 관계 속에 있으면서 아드레날린이 분출되면 일시적으로 우울하고 저조한 기분이 회복되기 때문이다. 어떻게 이런 일이 생기는 걸까? 가해자가 애정 공세를 벌이거나 다른 형태의 감정적인 혼란을 야기할 때, 아드레날린 레벨이 올라가면서 생존자의 에너지도 상승한다. 이로 인해 생존자는 불가피하게 독이 되는 관계에 생화학적으로 의존하게 된다. 저조한 기분에서 빠져나오기 위해서 말이다. 하지만 학대로 유도된 좋은 기분이 하강하면 언제나 예상하는 것보다 훨씬 더 낮은 지점에 도달한다. 때문에 회복의 여정에서 복구 단계가 생존자의 정서적 건강에 무척 중요하다. 몸을 다시 조정해야 하며 그 과정에 시간이 필요하다. 이 과정을 더 빨리 통과할 수 있는 마법 같은 방법을 알고 싶을 것이다. 그런 방법은 없다. '한 걸음씩 내딛기'가 심리적 학대의 혼돈에서 걸어 나오는 가장 확실한 방법이다.

회복 과정에서 생존자들은 각자 자신의 정서적인 건강을 회복하는 방법을 발견한다. 정서적인 건강을 복구할 때 중요한 점은 자신에게 잘 맞는 방법을 찾아내는 것이다. 과거에 일상 속에서 느낀 다양한 감정을 처리하는 데 도움이 된 것은 무엇인가? 효과가 있는 방법은 활용하고 그렇지 않은 것은 피하도록 한다. 삶을 풍요롭게 해주지 않는 일을 사람들이 얼마나 반복하는지를 알면 놀라지 않을 수가 없다. 자동조종장치를 달고 같은 산을 맴도는 악순환을 계속하면 어디로도 갈 수 없다. 이 단계에서는 삶을 개선하지 않는 습관을 반복해서는 안 된다.

마음의 평화를 되찾는 일은 저마다 방식도 형태도 다르다. 마음이 평화로운 상태에 대해 생각해보는 시간을 더 많이 가질 필요가 있다. 예전에는 즐거움을 느끼지 못했던 것에서 즐거움을 발견할 수 있을까? 어쩌면 더 진솔하고 풍요로운 마음으로 웃고 있는 자신을 보게 될지도 모른다. 절망 단계에 있을 때 느낀 깊은 어둠이 이제는 반짝반짝 빛나는 즐거움의 순간과 섞일 것이다. 새로움에 젖어들 때 정서적인 건강이 회복된다. 정서적인 건강을 회복하면 영

혼이 짓눌리는 듯한 무거운 날보다 괜찮은 날이 더 많아진다. 복구
단계는 생존자에게 경이로움을 알게 해준다.

엄마는 왜 내가 아끼는
메달을 버렸을까

나 역시 생존자로서 치유 여정을 지나온 사람이다. 나는 심리적
학대를 전문으로 하는 심리치료사이기 이전에 당신과 같은 처지였
다. 내 개인적인 이야기는 웹사이트에 밝혀 놓았다. 여기서는 내가
학대받는 동안 망가진 물건을 어떻게 복구했는지 그 경험을 공유하
고 싶다.

내가 11살 때 사랑하는 아빠가 돌아가셨다. 아빠는 집에 침입한
누군가에게 살해당했다. 이야기하자면 길다. 언젠가 다른 책에서
구체적인 내용을 언급하게 될지도 모르겠다. 오늘은 아빠가 돌아
가신 뒤 내 인생이 무척 힘들었다는 정도만 이야기하겠다. 구체적
인 내용은 지금 중요하지 않다. 나는 외동딸이다. 아빠가 돌아가신
뒤 나는 엄마와 지내게 되었다. 엄마는 극심한 성격장애와 약물중
독 성향을 보였다. 2004년에 엄마가 돌아가셨는데 그때 나는 이미
수년간 엄마와 소원하게 지내고 있었다. 사실 엄마가 돌아가셨다는
것도 경찰이 연락을 해서 알았다. 나는 그때 멀리 떨어진 지역에 살

고 있었다. 엄마와 연락을 끊는 것만이 내가 치유를 시작할 수 있는 유일한 방법이었다. 엄마는 가는 곳마다 아수라장을 만들어 놓았다. 나는 그 소용돌이에서 멀리 벗어나서라도 회복해야 했다. 20대 후반에는 접근금지명령을 얻어냈다. 엄마에게서 나를 안전하게 보호하기 위해서 말이다. 성인이 된 딸과 엄마가 3년간 멀리 떨어져 지내라는 명령을 받았을 때는 모성이라는 말이 더 이상 어울리지 않는 상황이다. 보호명령이 내려진 후 나는 잠을 약간 더 잘 수 있었지만, 몇 년간 아파트 현관까지 항상 호신용 스프레이를 들고 다녔다. 엄마는 폭력적이었다. 아빠의 죽음이 미해결 사건으로 남아 있음을 고려해, 경찰은 내게 자신을 안전하게 지키는 법을 알려준 것이다.

아빠는 고등학교 육상 코치였다. 나는 스톱워치를 갖고 다녔고 아빠가 지도하는 팀의 선수들과 함께 자랐다. 아빠는 '올해의 코치상'을 여러 번 받았다. 달리기는 내 어린 시절의 가장 좋은 기억으로 남아 있다. 나도 장거리 주자였다. 아빠가 돌아가시기 전 지역 주니어 올림픽 예선전에 출전할 기회가 있었다. 경기 중에 길을 잃었던 기억이 난다. 제일 마지막에 들어온 것 같은데도 아빠는 자상하게 칭찬해주었다. 나는 예선전 주자가 되고자 한 노력을 인정받아 메달을 받았다. 주니어 올림픽 메달이었다. 나는 그 메달을 많이 아꼈다. 메달을 케이스에 고이 보관해 놓고 집에 오는 사람들에게 보여주었다. 아빠가 돌아가신 뒤에 그 메달은 내게 더 특별해졌다. 더 자세한 이야기로 당신을 지루하게 만들고 싶지 않다. 어쨌거나 엄마와 사는 건 힘들었다. 정말로 괴로웠다. 14년 동안 16번 정도 이사를 했다. 이사할 때 항상 내 짐은 내가 쌌는데 주니어 올림픽 메달은 잃어버리고 싶지 않아서 꼭 가지고 다녔다.

지금 그 메달은 더 이상 내게 없다. 아빠가 돌아가시고 1~2년쯤 후에 엄마는 변기에 메달을 버렸다. 내게 정서적인 해를 입히기 위한 행동이었다. 메달 무게가 있는데 대체 어떻게 배관을 뚫고 내려갔는지 알 수가 없다. 엄마가 내 방에 침입해 선반에서 메달을 집어 들고 격분해서 방에서 나가던 모습이 아직도 눈에 선하다. 곧이어 변기 물 내리는 소리가 들렸다. 나는 욕실로 뛰어갔고 엄마는 내 얼굴을 보며 "이제 그건 없다"고 소리쳤다. 없다니?! 나는 큰 충격을 받았다. 그 후로도 내 물건은 대부분 학대를 일삼는 엄마 손에 의해 망가졌다. 아빠가 돌아가신 후 엄마에게 많은 피해를 입었다.

요즘 나는 이렇게 산다. 나는 여전히 달리기를 좋아하고, 메달도 좋아한다. 5킬로미터, 10킬로미터, 그 이상을 완주하는 사람에게 메달이 수여된다. 40대가 된 지금도 경주 끝에 받는 반짝이는 메달을 생각하면서 끝까지 달린다! 2010년에 하프마라톤에 참여해서 받은 메달은 특히 아끼는 물건이다. 메달이 내게 주는 의미를 당신도 이해할 거라 믿는다. 그런데 이야기는 여기서 끝나지 않는다. 아빠가 돌아가신 뒤 음식이 내게 위안을 주었다. 당연히 엄청나게 살이 쪘는데, 20대 이후로 50킬로그램 이상을 감량했다. 여러 해 동안 서서히 체중을 감량해 결국 하프마라톤을 완주하고 메달을 받은 것이다. 나는 오랫동안 훈련했고 심한 공포도 뚫고 나갔다. 과거의 상처를 직면할 때면 너무나 두려워서 시도조차 어렵다. 하지만 나는 내 발목을 붙잡는 무수한 이유를 뒤로 하고 한걸음 나아갔다. 장거리 레이스를 뛰면서 수많은 괴물을 마주했다. 나는 괴물을 직면했을 뿐 아니라 물리치기까지 했다.

하프마라톤에서 받은 메달은 이제 케이스에 담겨 우리 집 벽에 걸려 있다. 메달을 망가뜨릴 사람은 아무도 없다. 변기 속으로 들어갈 일은 없을 것이다. 내 메달이니 기분 좋게 바라보며 즐길 것이다. 내 이야기는 심리적인 학대에서 회복하는 동안 복구가 어떻게 일어나는지를 보여주는 예다. 어린 시절 사라진 메달과 그 메달이 주는 의미를 되찾지는 못하겠지만 새로운 경주에 나가서 새로운 추억을 만들어 대체할 수는 있다. 여담이지만, 내 아이도 달리기를 한다. 요즘 우리는 5킬로미터 경주에 나가서 함께 메달을 모으고 있다. 나 자신의 치유를 위해 노력한 덕분에 사랑하는 내 아이는 힘들게 얻어낸 경주 메달이 변기 속으로 사라지는 꼴을 볼 일은 없을 테다. 나는 좋은 기억을 만들면서 어린 시절 엄마가 내게 가한 심리적 학대를 상쇄시키고 있다.

당신은 어떤 물질적 자원을 복구하고 대체해야 하는가? 아끼는 애완동물을 가해자가 남에게 줘버리라고 요구했는가? 가해자가 당신의 옷 입는 스타일을 바꿔놓아서 옷장을 열 때마다 그 생각에 괴로운가? 예전에 당신에게 소중했던 미술품이 있었는가? 당신에게 의미 있었지만 학대받는 동안 잃어버린 한두 가지를 생각해보기 바란다. 그 물건을 보완하려면 어떻게 해야 할지 계획을 세워보자. 당연히 당신을 미소 짓게 하는 방식이라야 한다. 분명 회복 과정에 변화가 생길 것이다.

모든 것을 복구할 수 있을까? 슬프게도 그렇지 않다. 어떤 물건이나 기억, 지나간 날들은 되돌릴 수 없다. 나는 성인이 된 후로 부모를 대신할 만한 사람 없이 지내왔다. 멘토나 나보다 나이 많은 친구들을 만났지만 오래도록 관계가 유지되진 않았다. 엄마나 아빠를 대신해줄 사람이 나타나 내 안에 있는 깊은 구멍을 채워주기를 바라며 기도하곤 했다. 이제 40대 중반이 되고나니 더 이상 예전처럼 그런 관계를 원하지 않게 되었다. 복구를 바라지만 아직 결실을 보지 못하고 있는 게 있을 것이다. 삶이 당신에게 무언가 없이 살라고 요구하고 있는지도 모른다. 이럴 때 우리는 슬픔에 잠긴다. 5단계(복구)의 포인트는 가해자가 가져간 것을 복구하기 위해 우리 힘으로 할 수 있는 행동을 하는 것이다. 도저히 복구할 수 없는 물건도 있을 것이다. 이는 회복의 단계를 통과하면서 받아들여야 하는 냉혹한 현실이다.

6단계 유지

관계에서 자신을 보호하는 방법

심리적 학대의 생존자가 절망을 경험하고(1단계), 심리적 학대의 구체적인 내용을 배우고(2단계), 회복이 가능하다는 것을 깨닫고(3단계), 경계를 세우고 나면(4단계), 학대받는 동안 잃어버린 것을 복구하고(5단계), 마지막으로 유지 단계에 도달한다. 마지막 6단계에서 생존자는 종종 이전 단계로 돌아가 더 깊은 차원의 치유를 경험한다. 유지 단계에서 생존자는 건강한 인간관계를 경험하고 독이 되는 사람을 전보다 빨리 알아낼 수 있게 된다. 유지란 생존자가 앞으로 학대로부터 자신을 안전하게 지킬 수 있는 기술과 자신감을 갖고 회복된 삶을 충만하게 살아가는 것을 뜻한다.

드디어 마지막 단계에 도달했다! 여기까지 왔으니 이제 더 이상 외상 후 스트레스 장애에 시달리지 않으며, 가해자 생각도 전혀 하지 않고, 환희에 차 노래를 부르면서 다닐까? 그렇지 않다. 하지만 산 정상에 왔으니 이제 고삐를 늦추고 경치를 즐기기 바란다. 이곳은 공기도 맑고 당신의 감각도 깨어 있다. 이 시점에서는 정돈된 삶을 살기 위해 노력을 다하는 것이 새로운 기준이 된다. 지금까지 거쳐온 치유 여정이 있고 평화를 찾기 위해 싸웠으니 절망의 구덩이로 다시 들어갈 가능성은 낮다. 이런 말이 있다. '행복해지는 법을 안다면 나를 불행하게 만드는 사람과 절대로 함께 있지 않을 것이다.' 이 말은 진실이다.

이 단계에서 생존자는 너무 경직되어 있거나 지나치게 조심스럽다는 소리를 듣기도 한다. 이 말은 맞지 않다고 본다. 험난한 곳을 통과해 산 정상에 도달한 생존자라면 함께 있고 싶은 사람을 선별하게 된다. 만나는 사람들 모두가 내 측근이 될 만한 가치가 있는 존재는 아니다. 생존자는 정돈된 삶을 살기 위해 엄청나게 노력했다. 건강하지 않은 사람들이 가까이 있게 할 수는 없다. 이렇게 다른 두 세계는 어우러지지 않는다. 독이 되는 사람만 당신 삶에 자리할 가치가 없는 사람으로 분류되지 않는다. 당신과 가까이 지내면서 당신에게 전화하고, 문자를 보내고, 이메일을 보내고, 만나고, 집에 놀러올 수 있다는 것은 선물과도 같다. 기본적으로 당신 삶의 일부를 공유할 수 있는 자리는 쉽게 주어지지 않는다. 획득해야만 한다. 최소한 이렇게 생각하고 삶을 누구와 나눌 것인지를 선택하라.

비유적인 표현으로, 심리적으로 학대하는 사람은 당신 인생의 문을 부숴버렸다. 그러고는 분노에 가득 차 당신 집의 신성한 공간을 훼손한 것이다. 회오리처럼 불어닥치더니 막대한 피해를 입혔고, 당신은 잔해를 치우기에 바빴다. 벽에 페인트칠을 새로 하고 새 가구를 장만하고 그림을 걸었다. 이제 이곳은 안전하고 만족스러운 공간이다. 파괴적인 성향이 있는 사람이 접근하는 것을 허용할 이유가 있겠는가? 그럴 이유가 없다. 자신의 치유를 위해 *스스로*를 보호하고 치유된 삶을 누려야 한다. 이것이 바로 회복의 6단계를 거치면서 성장한 생존자가 자신의 삶을 운영하는 방식이다. 가해자와 감정적인 거리 두기를 하건 연락을 끊건 간에, 심리적인 학대에 대해 공부한 생존자라면 앞으로 더는 학대당하지 않게 자신을 보호할 수 있고, 또 보호하려고 할 것이다. 이런 모습을 여러 번 목격했기에 할 수 있는 말이다. 그게 쉬운 일일까? 아니다. 삶이 엉망이 되어 다시 정돈할 일이 생기지 않을까? 물론이다. 하지만 인간의 모습을 한 학대성 토네이도가 생존자의 인생을 다시 날려버리도록 허락하는 것과는 근본적으로 다르다.

그 사람과 좋았던 순간이
자꾸 생각난다면

회복의 마지막 단계에서 필요한 기술은 무엇일까? 생존자는 생각을 붙잡아놓는 법을 배우고 예전의 습관으로 돌아가려는 사고 패턴에서 벗어날 필요가 있다. 유지 단계에서 안정이 깨지는 가장 흔한 원인은 가해자와 있었던 잠깐의 좋았던 순간을 집중적으로 생각하는 것이다. 생존자는 짧지만 좋았던 순간의 기억으로 돌아갈 때가 종종 있다. 치유가 지속되려면 가해자와의 관계를 보는 균형 잡힌 시각을 잃지 말아야 한다. 상처를 부여잡고 있으라는 의미가 아니라 학대받은 진실을 왜곡하는 시간이나 거리를 허락하지 말아야 한다는 뜻이다.

감정적인 거리 두기를 하고 있다면 마지막 단계가 어려울 수 있다. 독이 되는 사람이 매일 학대를 하는 건 아니기 때문이다. 가해자도 기분이 좋을 때가 있다. 독이 되는 사람이 잠깐 동안 기분 좋게 행동하더라도 언제든 학대적인 행동으로 되돌아간다는 사실을 기억해야 한다. 예를 들어 가해자가 자신의 이익을 위해 주변 사람들을 잘 대해줄 때가 있다. 거짓말이 들통나거나 남에게 해를 입힌 게 확실히 드러난 뒤에 이렇게 행동이 달라지곤 한다. '달라진 척하는' 기간은 가해자마다 다르지만 결국에는 늘 그렇듯 학대적인 모습으로 되돌아간다. 감정적인 거리 두기를 하고 있는 생존자라면 유지 단계에서는 그동안 치유를 위해 걸어온 길을 절대 잊지 말고 잘 보호해야 한다. 삶의 질은 자신의 회복에 얼마나 전념하는가에 달려 있다.

가해자와 연락을 끊으면 회복이 더 수월하게 진행되기는 하지만, 앞으로 또 다른 학대를 받지 않을 것이라는 보장은 없다. 가해자로 의심되는 사람들과 접촉하지 않도록 언제나 환경을 잘 살피고 경계를 세우며 자기보호를 하라. 가해자와 연락을 끊었을 경우 유지 단계가 애매해질 수도 있다. 때로는 가해자가 생존자를 버리기 위해 연락을 하지 않는 경우가 있기 때문이다. 이런 경우라면 생존자는 앞으로 어떤 가해자를 만나더라도 뒤돌아 나올 수 있는 기술을 습득해야 한다. 해로운 환경에서 자발적으로 빠져나오는 감정 근육을 사용하는 능력이 없다면, 생존자는 앞으로 공동의존에 빠지기가 쉽다. 심리적인 학대에서 회복된 삶을 살기 위해서는 '더 이상은 안 된다'고 말할 수 있는 능력을 기르고, 실제로 과감하게 행동으로 옮겨야 한다.

당신은 달라졌고
매력적인 사람이 되었다

유지 단계의 핵심은 자신이 새로운 사람임을 인식하는 것이다. 당신은 성장했고 달라졌고 더 괜찮은 사람이 되었다. 앞으로도 건강한 삶이 지속되기를 바란다. 자신의 새로운 모습을 인식하는 것이 중요하다. 그게 지금 당신의 모습이다. 예전의 나는 사라졌다는 사실을 알지 못하면 불안감 때문에 행복하고 유능한 사람들을 밀어내는 안타까운 일이 생긴다. 나는 괜찮은 사람들의 관심을 받을 자격이 없다고 생각하기 때문이다. 내면의 목소리와 자존감이 내 삶속에 들여놓을 사람과 거절할 사람을 결정한다. 스스로가 진실한 사랑과 마음의 평화, 희망을 가질 자격이 없다고 생각하면 무의식적으로 자신을 파괴하게 된다. 그러고는 어째서 나는 사랑과 평화와 희망을 누리지 못하는지 궁금해 한다. 목표 없이 살면서 같은 유형의 건강하지 않은 사람들에게 끌릴 수도 있다. 자, 이제 앞으로 더 나아가자. 당신은 달라졌고 더 괜찮은 사람이 되었다는 것을 확실하게 인지하자. 다른 사람들도 당신에게 매력을 느낄 것이다.

나는 체중을 상당히 많이 감량한 뒤에도 오랫동안 맞지 않는 사이즈의 옷을 샀다. 친한 친구가 내게 너무 큰 옷을 입고 있다고 말해주기 전까지 말이다. 친구는 옷가게에 함께 가서 맞는 사이즈의 옷을 입어보자고 나를 강하게 설득했다. 나는 오래된 사고 패턴에 빠져 있었던 것이다. 놀랍게도 그날 나는 두 사이즈 작은 바지를 입었다. 엄청난 충격을 받았다. 나는 과거 때문에 내 새로운 몸을 보지 못했지만 친구는 보았던 것이다. 여기서 하고 싶은 말은 회복의 6단계를 지나고 나면 더 이상 예전의 사람들과 잘 맞지 않는다는 점이다. 좋은 현상이다. 더 건강한 사람들이 당신의 삶에 들어오게 하라. 새로워진 당신과 비슷한 사람들을 끌어당길 만큼 부단히 노력했으니 말이다.

회복 과정을 마무리하면서 혼자 글을 써보는 연습을 하면 좋겠다. '나에게 질 높은 삶이란 무엇인가?' 이 질문을 스스로에게 해보기 바란다. 다른 사람과 비교하거나 남들 눈에 어떻게 보일지 생각해보라는 의미가 아니다. 대답은 사람마다 다르다. 이는 지극히 개인적인 질문이다. 과거의 경험을 질적으로 보완해주는 삶을 살고 싶다고 말하는 사람들이 꽤 있다. 예를 들어 어린 시절 학대를 경험한 생존자에게 질 높은 삶이란 자녀를 키우면서 학대를 대물림하지 않는 것이다. 또 다른 생존자는 경제적인 안정을 유지하는 것을 질 높은 삶이라고 대답했다. 답변은 가능한 한 구체적이고 자세한 게 좋다. 이렇게 글을 써보면 희망을 갖게 되고, 당신 삶에 이미 존재하는 것에 감사함을 느끼게 될 것이다.

지금까지 나와 치유 여정을 함께해주어서 고맙다. 심리적인 학대와 회복 과정에서 나타나는 미묘한 차이를 이 책에 모두 담지는 않았다. 넓은 스펙트럼을 책 한 권에 다 담을 수도 없다. 이 책 뒷부분에 있는 자기성찰 노트를 보면서 질문에 대해 생각해보는 시간을 갖는 것도 좋겠다. 지금까지 함께해온 회복의 단계를 자신의 경험에 빗대어 보고 다시 한 번 치유의 기반을 강화하는 데 도움이 될 것이다. 어쩌면 당신이 치유 스터디 모임을 만들어 리더가 되고 싶은 생각이 들지도 모른다.

필요할 때마다 이 책을 읽어보았으면 좋겠다. 다시 읽으면서 새로운 즐거움으로 회복의 충만함을 느끼게 되기를 기원한다. 심리적인 학대의 목표물이 된 것은 당신 탓이 아니라는 사실을 항상 기억하기 바란다. 당신은 학대를 원하지 않았다. 이제는 그동안 배운 지식으로 치유를 유지하면서, 마음속 깊이 알고 있는 그 지식을 바탕으로 다른 사람들을 도와줄 차례다.

앞으로도 큰 꿈을 갖기를 바란다!

생존자의 가족과 친구들에게
보내는 편지

얼마 전 나는 생존자의 가족과 친구들에게 보내는 편지를 내 블로그에 올렸다. 다행히도 많은 호응이 있었다. 당신의 가족이나 친구들이 이 책을 끝까지 읽지 않거나 애초에 책이라고는 읽지 않는 사람이라서 고민인가? 그렇다면 이 글을 보여주면 도움이 될 것이다. 심리적인 학대에서 회복하는 데 오랜 시간이 걸리는 이유를 간단하고 명쾌하게 설명해주고 있다. 블로그에 올린 내용 전체를 공유하겠다. 생존자와 그 가족들, 친구들의 피드백을 보면서 이 글이 많은 이들에게 긍정적인 영향을 주었음을 알 수 있었다. 당신 주변 사람들도 이 글을 읽고 같은 반응을 보였으면 하는 바람이다.

당신이 아끼는 사람이
이상한 게 아닙니다

제목을 보고 내용이 궁금해졌을지도 모르겠습니다. 나는 심리적인 학대의 생존자를 둔 가족과 친구들에게 이 글을 쓰고 있습니다. 수많은 생존자들이 자신이 겪은 은밀한 학대를 설명하기가 너무 힘들다고 말하기 때문이죠. 생존자의 가족과 친구들은 회복 과정에서 생존자를 어떻게 지지해주어야 하는지 잘 모릅니다. 이 주제에 대해서 할 말은 많지만 핵심적인 내용만 이야기해보겠습니다.

나를 잘 모르는 사람들을 위해서 잠깐 내 소개부터 하겠습니다. 나는 임상 사회복지사의 슈퍼바이저이자 심리치료사로 개인 상담소를 운영하고 있습니다. 나르시시스트, 소시오패스, 사이코패스처럼 독이 되는 사람에게 심리적인 학대를 받은 사람을 돕는 일을 전문으로 하고 있지요. 독이 되는 관계는 연인 사이나 가족 구성원 또는 친구 관계나 회사, 종교단체에서 생길 수 있습니다. 이 글에서는 애정 관계에서 발생하는 학대와 회복을 중점적으로 다루고자 합니다.

10월은 가정폭력 인식의 달입니다. 당신이 아끼는 사람이 독이 되는 사람과 애정관계를 맺고 있었다면 학대의 피해자였음을 의미합니다. 아마 상황을 이해하기 힘들 것입니다. 당신이 아끼는 사람이 경험한 학대는 눈에 보이는 멍 자국을 남기지도 않았고 뼈를 부러뜨리지도 않았으니 말이죠. 하지만 그 관계는 당신이 아끼는 사람에게 큰 피해를 입혔고 전혀 다른 사람으로 만들어놓았습니다. 심지어 생존자가 전혀 예상하지 못한 행동을 하는 것을 목격했을지도 모르겠습니다. 생존자가 심리적인 학대에 반응하는 모습을 보면서 당신이 아끼는 사람이 혹시 '정상이 아닌' 게 아닐까 의심했을지도 모르겠습니다. 독이 되는 사람들은 피해자를 두고 미쳤다며 비난하기를 좋아합니다. 나는 이런 말을 계속해서 듣고 있어요. 왜 미쳤다고 하는지 모르겠지만 나르시시스트와 소시오패스, 사이코패스가 좋아하는 말이 그겁니다.

생존자가 독이 되는 사람과 헤어지고 나서 안정을 찾기 힘들어하는 이유에 대해 설명해주고 싶습니다. 독이 되는 사람과 헤어지는 것이 이전의 이별 경험과 다른 이유를, 어쩌면 당신이 겪어본 이별과도 다른 이유에 대해 기본적인 사항부터 짚고 넘어가기로 하죠.

우리 모두 가해자에게 속은 겁니다

당신이 아끼는 사람이 평생을 함께하고 싶을 정도로 사랑하는 사람을 만나 깊은 사랑에 빠졌답니다. 정말 진실한 마음이었죠. 하지만 상대는 사기꾼이었습니다. 이 사람은 마음이 있는 척했을 뿐이고 전략적으로 '관계'를 만들어 자신의 필요를 충족시키려고 한 거죠.

독이 되는 사람들은 건강하고 행복한 사람(당신이 아끼는 사람)을 지목해 그 사람의 인생을 완전히 망쳐버리는 것에서 큰 즐거움을 얻는답니다. 상상하기가 힘들 겁니다. 아니, 그게 말이 돼? 그런 사람이 정말 있다고? 이렇게 묻고 싶을 거예요. 하지만 백 퍼센트 사실입니다. 당신이 아끼는 사람이 이런 말을 했을지도 모르겠네요. 그때 당신은 아마 믿기 어려웠을 겁니다. 심지어 당신은 독이 되는 사람을 좋아했을 수도 있고요. 그렇다면 당신도 속은 겁니다. 독이 되는 사람이 가족과 친구들을 속이려고 애정을 연출한 겁니다. 정직하고 좋은 사람이라는 신뢰를 얻기 위해서죠. 근데 그게 무슨 이익이 된다고 그런 짓을 해? 생존자가 자신이 겪은 끔찍하고 소름 돋는 일을 이야기할 때 당신은 속으로 이런 의문이 들었을 겁니다. 어쩌면 당신은 자신도 모르게 생존자가 아닌 독이 되는 사람의 편을 들었을지도 모릅니다. 가해자가 잘 꾸며놓은 덕이죠. 생존자를 파괴하고 심지어 당신과 생존자의 관계마저 망쳐놓으려는 계산인 거죠. 얼마나 무서운 일입니까.

아직은 새로운 사람을 만나라고 조언하지 마세요

생존자에게 데이트를 하라거나 새로운 사람을 만나라고 말하는 건 아무런 도움이 되지 않습니다. 생존자에게 이런 조언은 하지 않았으면 좋겠습니다. 생존자는 다시 누군가를 만날 준비가 되어 있지 않습니다. 지금 껍데기만 남은 상태이기 때문이죠. 헤어진 뒤 회복하는 동안 생존자가 느끼는 슬픔은 너무나도 복잡해서 어디가 바다의 바닥인지, 어디가 해수면인지도 모를 정도입니다. 말 그대로 자신의 감정에 빠져들고 있는 것이죠. 왜 그럴까요? 생존자가 연약해서 그럴까요? 아닙니다. 인간으로서 삶 자체가 통째로 찢겨져 나가는 학대를 경험했기 때문입니다. 가해자는 생존자가 갖고 있던 특성을 처음에는 매력적이라 생각했고, 바로 그 매력 때문에 생존자는 파괴해야 할 목표물이 된 것입니다.

당신이 아끼는 사람의 자존감과 정체성을 심리조종의 달인이 망가뜨려 놓은 겁니다. 예를 들어 설명해볼까요. 컴퓨터가 바이러스에 감염되었는데 계속 정상적으로 작동할 거라고 기대할 수 있나요? 왜 예전처럼 작동하지 못하는 거지? 이렇게 생각할 리가 없잖아요. 컴퓨터가 악성 소프트웨어에 감염되면 운영체제에 이상이 생깁니다. 당신이 아끼는 사람에게 바로 이런 일이 생긴 겁니다. 특별한 존재라고 생각한 바로 그 사람이 독을 먹인 거죠. 나를 사랑해주는 멋진 사람, 남은 생을 함께 행복하게 보내고자 했던 바로 그 사람이 말입니다. 생존자가 학대에 눈뜨는 데는 시간이 걸립니다. 컬트 집단을 떠날 때처럼 말이죠. 생존자는 자신과 주변 환경을 바라보는 시각을 완전히 허물고 새롭게 재건해야 합니다. 이런 상황에서 밖에 나가 데이트하는 건 전혀 도움이 되지 않습니다. 실제로 생존자의 회복을 여러 측면에서 저해할 수 있습니다.

회복 과정에 대해 공부하고 그 여정에 함께해주세요

당신이 아끼는 사람이 다시 예전의 모습으로 돌아오길 바라고 있을 겁니다. 독이 되는 관계를 경험하기 전, 당신이 기억하는 그 모습으로 말이죠. 가끔은 그런 모습이 보이기도 해서 이 악몽이 드디어

끝났다는 희망을 갖기도 할 겁니다. 실제로 심리적인 학대를 경험한 사람은 외상 후 스트레스 장애(PTSD)를 겪는 경우가 많습니다. 강한 불안감을 유발하는 요소들이 있습니다. 1년 중 특정한 기간이 더 힘들 수도 있습니다. 안타깝지만 정상적인 반응입니다. 학대를 받으면 왜 트라우마가 생기고 회복 기간이 오래 걸릴까요? 생존자는 체계적이고 반복적으로 은밀한 심리적 학대를 겪었습니다. 독이 되는 사람이 당신이 아끼는 사람을 파괴하려고 작정을 한 거죠. 당신에게 그 사람이 괜찮은 사람으로 보이더라도 생존자가 가해자의 진짜 모습을 이야기할 때 귀 기울여 듣기 바랍니다. 마음을 다해서 경청해야 합니다.

가스라이팅, 간헐적 강화, 플라잉 멍키, 이상화/평가절하/버리기 단계, 인신공격과 같은 용어도 공부하면 좋습니다. 잭슨 맥켄지(Jackson MacKenzie)가 쓴 『사이코패스 없는 삶(Psychopath Free)』이라는 책을 읽어보면 생존자와 그 가족, 그리고 친구들에게도 큰 도움이 될 겁니다. 생존자 입장에서 쓴 책으로 정말 좋은 내용을 담고 있습니다. 당신이 아끼는 사람이 이 글뿐만 아니라 책을 읽어보라고 권할지도 모릅니다. 생존자의 경험을 이해하려는 노력과 시간을 들임으로써 지지하는 마음을 보여주기 바랍니다.

무엇보다도 당신이 아끼는 사람이 학대당했다고 털어놓을 때 그 말을 믿어주기 바랍니다. 학대를 눈치 채지 못한 당신을 용서하고, 생존자와 함께 회복을 위해 전진하십시오. 독이 되는 사람은 생존자를 파괴하고 생존자가 맺고 있는 모든 인간관계를 망쳐놓으려 했습니다. 제발 그 계획이 성공하도록 놔두지 마세요. 보이지 않는 학대에 대해 공부하고 생존자의 회복을 끝까지 지지해주세요. 생존자와 당신에게 더 나은 내일이 기다리고 있을 겁니다.

3장

내 **이야기** 쓰기

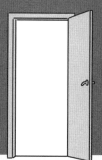

치유를 위한
성찰 노트

지금부터 자기성찰 노트를 작성해보도록 하자. 성찰 노트 내용을 구성하면서 나는 당신이 이미 책을 다 읽었거나 읽고 있는 중이라고 가정했다. 노트를 쓰는 동안 우리는 책에서 논의한 개념을 더 깊이 파고들어갈 것이다. 성찰 노트를 쓰면서 회복의 6단계를 개별화시킬 수 있을 것이다. 이 책에 담긴 개념을 이해하고 자신의 경험에 적용해보면서 진정한 회복이 시작된다. 성찰 노트는 혼자서 작성할 수도 있고 가족이나 친구와 함께 작성할 수도 있다. 다른 생존자들과 함께하는 방법도 있다. 보이지 않는 심리적 학대의 피해를 생존자보다 더 잘 이해할 수 있는 사람은 없다.

독서 모임이 일대일 심리치료를 대체할 수는 없다. 대부분의 치유 스터디 모임은 생존자들끼리 모여서 진행한다. 공인된 상담사가 주최하는 모임이 아닌 이상 모임에서 비공식적인 치료가 행해져서는 안 된다. 독서 모임은 생존자들이 모여 서로를 지지하고 모임 안에서 건강한 경계를 세우며 회복 단계와 상관없이 모든 생존자가 환영받는 자리여야 한다. 독서 모임의 체계는 주최하고자 하는 사람들이 결정한다. 남성들만 참여하는 모임도 있고 여성들만 참여하는 모임도 있다. 남성과 여성 모두 함께하는 모임도 있다. 가해자와 연락을 끊은 생존자들 모임도 있고, 감정적인 거리 두기를 하고 있는 사람들의 모임도 있다. 그 외에 여러 성격을 가진 독서 모임을 꾸릴 수 있다. 애정 관계에서 보이지 않는 학대를 겪고 있는 사람들의 모임, 직장이나 종교단체에서 학대 받은 사람들의 모임을 만들 수도 있다. 생존자들이 이 책을 활용할 수 있는 방법은 무수히 많다.

혼자서 성찰 노트를 작성하건 독서 모임에서 함께 하건, 그 과정에서 느끼는 당신의 감정에 집중하기 바란다. 노트를 쓰면서 맞닥뜨리게 되는 힘든 기억들이 있을 것이다. 충분한 시간을 갖고 정서적, 신체적인 건강에 유념하라. 책을 끝까지 읽거나 노트를 작성하는 일을 서두를 필요는 없다. 천천히 호흡해보자. 필요하다면 책을 덮어두고 다른 날 해도 좋다. 매일 조금씩 진도를 나가는 것도 좋은 방법이다. 이렇게 하면 그 날 읽은 내용에 대해 성찰하게 된다. 하루에 한 페이지나 질문 몇 개 정도가 적당하다고 생각하는 사람들이 많다. 진도를 빨리 나가고 싶다면 그렇게 해도 좋다. 당신의 치유 여정은 당신 것이다. 자신의 치유에 적합한 방식은 스스로 결정해야 한다. 이 점을 염두에 두기 바란다. 만약 독서 모임에 갔는데 모임의 분위기나 태도가 자신과 맞지 않다면 잘 맞는 모임을 찾을 때까지 여러 모임에 나가보기 바란다. 어쩌면 혼자서 성찰 노트를 쓰는 게 더 편할지도 모른다. 그 또한 좋은 방법이다. 심리적인 학대에서 회복하는 과정은 지극히 개인적인 경험이며 서둘러서는 안 된다. 트라우마의 강도에 차이가 있고 다음 회복 단계로 넘어갈 준비가 되었다고 느끼는 데 걸리는 시간도 생존자마다 다르다.

여기서 잠깐, 하고 싶은 말이 있다. 학대 경험으로 인해 치유가 필요한 당신을 생각하면 정말 마음이 아프다. 보이지 않는 심리적 학대는 은밀하고 조용하게 진행되며 사람들은 그 실체를 제대로 이해하지 못하고 있다. 생존자인 당신은 이 모든 게 사실이라는 걸 알고 있다. 회복의 6단계를 끝내고 나면 성격장애가 있는 사람이 어떻게 남을 학대하는지 심리치료사들보다 더 많이 알게 될 것이다. 당신이 겪은 일을 이 책에 나오는 내용에 대입해 보는 일은 상당히 큰 힘을 발휘한다. 성찰 노트를 보면서 다양한 질문에 대해 생각해 보고 간단한 토의도 할 수 있을 것이다. 노트를 쓰면서, 또는 독서 모임에서 이 과정을 함께 하면서, 자신의 이야기에서 더 많은 지혜를 얻기를 바란다.

누가 심리적
학대의 가해자가
되는가

심리적 학대의 가해자는 누구인가? 나르시시스트, 소시오패스, 사이코패스는 당신의 엄마나 아빠일 수도, 언니나 오빠일 수도 있다. 조부모님이나 이모, 삼촌, 사촌, 남자 친구, 여자 친구, 남편, 아내, 성인이 된 자녀, 친구, 시댁 식구, 직장동료, 상사, 목사님, 멘토 등 모든 인간관계 안에 존재한다. 이렇듯 이들이 가하는 해악은 많은 사람들에게 영향을 미칠 수 있다. 슬프게도 이들의 영향과 그로 인한 폐해는 곳곳에 퍼져 있다.

이 책에서는 '독이 되는 사람'이라는 용어가 간간이 사용된다. 이는 자기애성 성격장애(나르시시스트)와 반사회적 성격장애(소시오패스 또는 사이코패스)의 기준에 부합하는 사람을 지칭한다. 가해자가 이런 진단 기준에 부합하는 사람인지 확실하게 모를 수도 있다. 그래도 괜찮다.

당신이 생각하는 나르시시스트, 소시오패스, 사이코패스의 차이점은 무엇인가?

나르시시스트: _____

_____

_____

_____

소시오패스: _____

_____

_____

_____

사이코패스: _____

_____

_____

_____

나르시시스트, 소시오패스, 사이코패스가 임상적으로 어떻게 다른지 궁금해 하는 사람들이 있다. 예를 들어 설명하겠다.

• 나르시시스트는 당신의 차를 들이받고는 당신이 자기를 방해

했다며 질책할 것이다. 당신이 어떻게 자기 차를 망가뜨렸는지 끝도 없이 불평할 것이다.

- 소시오패스는 당신의 차를 들이받고는 당신이 자기를 방해했다고 질책하며 히죽댈 것이다. 자신이 만들어놓은 혼란을 보며 속으로 즐기고 있는 것이다.
- 사이코패스는 치밀하게 계산된 방법으로 당신의 차를 들이받으면서 웃는다. 그리고 피해를 최대로 주기 위해 다시 들이받는다.

참 좋은 사람들이다. 그렇지 않은가? 당신이 독이 되는 사람들과 감정적인 거리 두기를 하고, 연락을 끊으려 하면서 힘이 든 이유가 이것이다.

위에서 언급한 예를 보면서 당신이 생각했던 나르시시스트와 소시오패스, 사이코패스의 정의가 어떻게 달라졌는가? 처음에 생각했던 것과 같은가?

남자 가해자와 여자 가해자의
공통점과 차이점

남성만이 나르시시스트, 소시오패스, 사이코패스라는 고정관념이 있다. 완전히 잘못된 생각이다. 많은 여성들이 가정이나 회사 또는 교회에서 독이 되는 관계를 유발한다.

남성 가해자와 여성 가해자의 비슷한 점과 다른 점은 무엇일까?

공통적인 특성: _____

_____

_____

_____

_____

다른 특성: _____

_____

_____

_____

_____

당신이 남성이나 여성 가해자에게 겪은 심리적 학대에 대해 간단히 적어보자.

여성 가해자의 경우: _____

_____

_____

_____

남성 가해자의 경우: _____

_____

_____

_____

_____

여성과 남성 모두에게 학대를 받았다면 성별에 따라 학대 양상에 어떤 차이가 있었

는가?: _____

_____

_____

_____

_____

가해자의 성별에 따라 당신의 회복 과정이 어떻게 달랐는가?: _____

_____

_____

_____

_____

_____

피해자가 신체 폭력을 입증하기 어려우면 심리적 학대가 심각하다는 것을 알리기가 더 어렵다. 자신과 아이들을 보호하기 위해 도움을 받으려는 생존자는 '예민하고 이상하고 불안정해' 보이기 쉽다. 보이지 않는 은밀한 학대는 말로 설명하기가 정말 어렵기 때문이다. 정확한 용어를 쓰지 않으면 생존자만 집착하는 듯이 보인다. 그렇지 않다는 것을 치유 커뮤니티 사람들은 알고 있지만 보통 사람들은 아직 보이지 않는 심리적 학대에 관해 잘 알지 못한다.

당신이 겪은 학대를 다른 사람에게 설명하기 위해 어떤 말을 했는지 적어보자:

_____

_____

_____

_____

_____

가족과 친구들, 직장 동료들이나 교회 지도자가 당신의 설명을 얼마나 잘 받아들였는가?: _____

_____

_____

_____

_____

당신이 생각하기에 심리적인 학대를 겪어보지 않은 사람에게 이를 설명하기가 어

려운 이유는 무엇인가?: _____

_____

_____

_____

_____

나르시시스트,
소시오패스,
사이코패스는
어떤 사람인가

나르시시스트, 소시오패스, 사이코패스는 우리 주변에 있다. 사실이다. 나는 심리치료사로서 성인에게 자기애성 성격장애나 반사회적 성격장애라는 진단을 내릴 수 있다. 성격장애는 일반적으로 성인이 되기 전에는 진단하지 않는다. 성격은 청소년기에 여전히 형성되는 중이라고 보기 때문이다. 자기애성 성격장애나 반사회적 성격장애의 특성을 일찍 보이는 사람들도 있다. 이런 아이나 청소년의 경우 성격과 관련 없는 다른 진단을 받는 경우가 종종 있다.

가해자와 함께 상담이나 다른 형태의 중재를 받아본 적이 있는가? 그 경험은 어땠는가? 해본 적이 없다면 제3자와 함께 문제를 해결하는 데 어떤 어려움이 따를 것 같은가?: _____

_____

＿＿＿＿＿＿＿＿＿＿＿＿＿＿＿＿＿＿＿＿＿＿＿＿＿＿＿＿＿

＿＿＿＿＿＿＿＿＿＿＿＿＿＿＿＿＿＿＿＿＿＿＿＿＿＿＿＿＿

＿＿＿＿＿＿＿＿＿＿＿＿＿＿＿＿＿＿＿＿＿＿＿＿＿＿＿＿＿

＿＿＿＿＿＿＿＿＿＿＿＿＿＿＿＿＿＿＿＿＿＿＿＿＿＿＿＿＿

모든 사람이 '조금은 나르시시스트 성향이 있다'고 생각하는가? 그렇다면 이 말이

왜 사실이라고 생각하는지 적어보자. 그렇지 않다면, 모든 사람에게 나르시시즘이

있는 것은 아니라고 보는 이유는 무엇인가?: ＿＿＿＿＿＿＿＿＿＿＿

＿＿＿＿＿＿＿＿＿＿＿＿＿＿＿＿＿＿＿＿＿＿＿＿＿＿＿＿＿

＿＿＿＿＿＿＿＿＿＿＿＿＿＿＿＿＿＿＿＿＿＿＿＿＿＿＿＿＿

＿＿＿＿＿＿＿＿＿＿＿＿＿＿＿＿＿＿＿＿＿＿＿＿＿＿＿＿＿

＿＿＿＿＿＿＿＿＿＿＿＿＿＿＿＿＿＿＿＿＿＿＿＿＿＿＿＿＿

＿＿＿＿＿＿＿＿＿＿＿＿＿＿＿＿＿＿＿＿＿＿＿＿＿＿＿＿＿

＿＿＿＿＿＿＿＿＿＿＿＿＿＿＿＿＿＿＿＿＿＿＿＿＿＿＿＿＿

'건강한 자기애'라는 개념을 믿는가? 그렇다면 당신이 생각하는 건강한 자기애란

무엇인가? 믿지 않는다면, 건강한 자기애란 없다고 생각하는 이유는 무엇인가?:

＿＿＿＿＿＿＿＿＿＿＿＿＿＿＿＿＿＿＿＿＿＿＿＿＿＿＿＿＿

＿＿＿＿＿＿＿＿＿＿＿＿＿＿＿＿＿＿＿＿＿＿＿＿＿＿＿＿＿

＿＿＿＿＿＿＿＿＿＿＿＿＿＿＿＿＿＿＿＿＿＿＿＿＿＿＿＿＿

＿＿＿＿＿＿＿＿＿＿＿＿＿＿＿＿＿＿＿＿＿＿＿＿＿＿＿＿＿

＿＿＿＿＿＿＿＿＿＿＿＿＿＿＿＿＿＿＿＿＿＿＿＿＿＿＿＿＿

나는 모든 사람이 조금은 나르시시스트 성향이 있다거나 건강한 형태의 나르시시즘도 있다는 말을 믿지 않는다. 자기애성 성격장애(Narcissistic Personality Disorder)란 자아가 정상적으로 형성되지 못하고 왜곡된 것이다. 어린 시절 올바르게 발달되지 못한 성격을 반영하는 것이다. 이런 사람들은 성인이 되면 학대 성향을 유지하기로 선택한다. 나르시시스트와 소시오패스, 사이코패스의 어떤 면이 건강하다는 것인지 나로서는 이해할 수가 없다. 이는 마치 건강한 암세포가 존재한다는 말과도 같다.

자기애성 성격장애와 반사회적 성격장애로 진단을 내리려면 특정한 기준에 부합해야 한다. 구체적인 가이드라인에 부합되거나 부합되지 않거나, 둘 중 하나다. 임상적인 관점에서 약간의 나르시시즘이라는 말은 없다. '건강한 자기애'라는 말은 자기애성 성격검사(Narcissistic Personality Inventory)라는 진단 도구에서 나온 말이다. 이것은 매우 결함이 많은 자료다. 인식의 왜곡이 의심되는 사람들(독이 되는 사람들)을 평가하는 자료이기 때문이다. 자기기입식 질문지를 풀게 되는데 어떤 답을 해야 좋은 결과가 나오는지 쉽게 알 수 있다. 성격장애가 의심되는 사람들은 대부분 주변 분위기를 파악하고 사람들을 이용하는 법을 알 만큼 예리하다. 자신의 이익을 위해서 '나쁜' 사람으로 보이지 않는 법을 알고 있다. 이런 사람들이 불리한 항목에 체크할 이유가 없지 않겠는가.

일부 연구원과 정신건강 전문가들은 자기애성 성격검사에서 낮은 점수가 나온 사람에게 '약간의 나르시시즘'이 있다고 결론짓는다. 하하. 정말로 이렇게 해서 생긴 말이다. 터무니없는 일 아닌가. 누군가 높은 자존감과 자립심, 어쩌면 약간의 허세까지 보인다고 해서 그것이 공감 능력이 없거나 남에게 해를 입히면서 즐거워한다는 뜻은 아니다. 공감 능력이 없고 남에게 해를 입히면서 즐거워하는 것은 자기애성 성격장애나 반사회적 성격장애를 가진 사람이 갖고 있는 특징이다.

　여전히 건강한 자기애라는 개념을 믿고 모든 사람이 조금은 나르시시스트 성향을 갖고 있다고 생각한다 해도 괜찮다. 모든 개념에 동의할 필요는 없다. 서로의 차이를 존중하지 못하는 건 나르시시스트와 소시오패스, 사이코패스의 특징이니까. 심리적 학대 치유 커뮤니티에 있는 지지자와 생존자는 독이 되는 사람과 같은 성향을 보이지 않을 것이다. 우리는 서로를 존중하며 남에게 내 생각을 강요하지 않는다.

어디서
심리적 학대가
일어나는가

학대는 부모와 자식, 연인이나 친구, 동료처럼 한 사람과의 관계에서 발생할 수도 있고, 가정이나 회사, 종교단체처럼 집단에서 일어날 수도 있다.

당신은 학대를 어디서 경험했는가?

한 사람과의 관계에서 — 집단에서 — 두 가지 모두 해당됨

(해당되는 것에 동그라미 표시할 것)

당신을 심리적으로 학대한, 혹은 현재 학대하고 있는 그 사람과의 관계에 대해 생각해보자. 학대당한 경험이 없다면, 누군가 당신을 학대할 때 가장 상처가 되는 게 무엇일지 적어보자. _____

_____

_____

_____

_____

_____

당신이 소속된 집단에서 심리적으로 학대를 당했거나, 현재 학대를 경험하고 있다

면 그 일에 대해서 써보자. 학대당한 경험이 없다면, 집단에서 학대를 당하는 게 생

존자를 왜 힘들게 하는지에 대해 생각해보자. _____

_____

_____

_____

_____

_____

독이 되는
연인이나 배우자

연인이 다양한 방법으로 보이지 않는 심리적 학대를 저지를 수
있다. 안전하리라고 기대했던 관계에서 가장 혐오스럽고 악랄한 학
대가 일어나는 걸 나는 목격했다.

애정 관계에서 학대를 경험했다면 연인이나 배우자의 학대로 인해 가장 힘든 점이 무엇이었는지 생각해보자. 이런 경험을 한 적이 없다면, 애정 관계에서 심리적으로 학대받을 때 가장 힘든 점이 무엇일지 당신의 생각을 적어보자. _____

_____

_____

_____

_____

_____

_____

애정 관계에서 학대를 당했다면 가장 힘들었던 시기를 떠올려보자. 어떤 기억이 남아 있는가? _____

_____

_____

_____

_____

독이 되는 사람을 만나고 있다는 걸 알게 된 순간은 언제인가? 구체적인 상황은 어땠는가? _____

_____

_____

_____

지금 생각해보니 그때 그 사람과의 관계를 끝냈어야 한다는 생각이 드는가? 그렇지 않다면 이유는 무엇인가?_____

_____

_____

_____

_____

그렇게 생각한다면, 그때 관계를 끝내지 못한 이유는 무엇인가? 어떤 두려움과 어떤 장애물이 있었는가? _____

_____

_____

_____

그 사람과의 관계를 끝내고 싶었지만 그러지 못했다면, 독이 되는 관계를 더 오랫동안 유지한 자신을 용서하기 위해서 어떤 노력을 해보았는가? _____

_____

_____

_____

_____

독이 되는 친구

우정은 우리를 지지해주는 관계의 핵심이다. 많은 측면에서 삶을 풍요롭게 해준다. 친구들은 우리가 선택하는 가족과도 같다. 사적인 삶과 개인의 생각을 공유하는 관계이기에 친구를 현명하게 선택하는 것은 매우 중요하다. 왜 내가 저 사람과 가깝게 지냈나 반문했던 적이 있을 것이다.

독이 되는 친구가 있다면 그 친구와의 우정에 대해 6하원칙에 따라 적어보자. 독이 되는 친구가 한 명이 아니라면 지금 생각나는 사람에 대해 쓰기로 한다. 친구 관계에서 학대를 경험한 적이 없다면, 친구에게 심리적인 학대를 당할 때 가장 힘든 점이 무엇일지 당신의 생각을 적어보자. _____

_____

_____

_____

_____

_____

독이 되는 친구와 아직 연락하고 지낸다면 그 친구와 관계를 지속하는 이유는 무엇인지 생각해보자. _____

_____

_____

그 친구와 연락을 끊었다면 우정이 끝난 시점은 언제인가? _____

독이 되는 가족

심리적 학대를 가하는 부모가 내뱉은 신랄한 혐오의 말은 자녀가 성인이 되어 집을 떠난 뒤에도 오랫동안 마음속에 남아 있다. 나르시시스트, 소시오패스, 사이코패스는 좋은 부모가 되지 못한다. 그들에게는 양육에 필요한 기본적인 공감 능력과 희생적인 면모가 없다. 아이보다 자기 자신을 먼저 챙기는 것이 당연하다고 생각한다. 어른이 된 자녀가 분노하는 것은 정당하다. 가해자인 부모는 자신이 무슨 짓을 했는지는 생각하지 않고 어째서 우리 집은 다른 집처럼 화목하지 못할까 궁금해 한다. 이기적인 부모는 자녀를 건강하게 양육할 수 없다.

가족에게 심리적인 학대를 당했다면 은밀한 가족의 학대를 예를 들어 적어보자. 가족에게 학대당한 경험이 없다면, 가족의 학대가 다른 학대보다 회복 기간이 더 필요한 이유가 무엇일지 생각해보자. _____

_____

_____

_____

_____

_____

'의사상호성'이라는 임상 용어가 있는데 이 말이 적용되는 해로운 가족 관계가 많이 있다. 겉으로는 친밀하게 잘 지내는 듯 보이지만 실제로는 사이가 매우 좋지 않고 해로운 관계다. 친밀한 가족의 모습을 세상에 보여주지만 실상은 이와 많이 다르고 파괴적인 집단인 것이다.

가족 안에서 경험한 심리적 학대와 연관해서 당신이 생각하는 '의사상호성'이란 무엇인지 적어보자. 학대적인 가족 관계를 겪어보지 않았다면 독이 되는 다른 환경에서 의사상호성이 어떻게 나타나는지 생각해보자. _____

_____

_____

_____

_____

독이 되는 가족이 놓은 '파리지옥풀'에 빠진 순간을 기록해보자. 그 덫으로 당신을

유인하는 데 사용된 것은 무엇인가? 독이 되는 가족 안에서 학대를 당한 적이 없다

면 다른 환경에서 '파리지옥풀'이 사용된 적이 있었는가? _____

_____

_____

_____

_____

_____

당신이 덫에 걸리자 우호적이던 환경이 언제, 어떻게 달라졌는가? _____

_____

_____

_____

_____

_____

　　인간은 소속감이 필요하다. 우리는 집단에 포함되기를 원하고 필
요로 한다. 내 사람들이 있고 그들도 나를 자기 사람이라 여기길 바
란다. 가해자는 자신의 이익을 위해 바로 이런 욕구를 이용한다.

가해자가 당신에게 소외감을 주기 위해 구체적으로 어떤 방법을 썼는가?

_____

학대를 당한 뒤에 당신의 감정적인 반응은 어땠는가? _____

_____

독이 되는
교회 지도자와 신도들

기독교와 관련된 일에 대해서는 많은 이들이 언급하기를 꺼린다. 그래도 나는 이 이야기를 하지 않을 수가 없다. 신의 이름으로 행패를 부리는 목사들이 너무나 많다. 이들은 불확실한 현대 사회에서 신을 발견하고자 하는 사람들에게 많은 해를 입히고 있다. 모든 목사가 나쁘다는 말을 하는 게 아니라는 점을 분명히 해둔다. 일부 목사들이 사랑, 인내, 친절, 희망이라는 훌륭한 성품과는 무관하다는 말이다. 나는 20년 넘게 교회를 다녔다. 기독교가 가진 최고의 모습과 최악의 모습을 모두 보았다.

종교단체에서 학대를 경험했는가? 그렇다면 무슨 일이 있었는지 적어보자. 영적으로 학대받은 적이 없다면, 이런 학대에서 회복하기가 복잡한 이유는 무엇인지 생각해보자. _____

_____

_____

_____

_____

심리적인 학대의 가해자가 이용한 성경 말씀은 무엇인가? _____

_____

_____

_____

_____

위에서 언급한 성경 말씀 중 하나를 골라 가해자가 자신의 의도대로 그 의미를 어떻게 왜곡했는지 적어보자. _____

_____

_____

_____

_____

그 성경 말씀의 진정한 의미는 무엇이라고 생각하는가? _____

_____

_____

_____

_____

    나르시시스트, 소시오패스, 사이코패스의 독이 되는 행동은 명백하고 거창하게 드러난다고 생각하는 사람들이 많다. 다년간 교회 문화를 접하고 보니 심리적 학대의 가해자들이 전부 다 겉으로 보기에 굉장하지는 않았다. 나는 이 점을 분명히 말할 수 있다. 종교적인 환경에서 사람들은 겸손한 태도를 높이 평가하고 떠벌리는 태도에는 눈살을 찌푸린다. 따라서 교회에 숨어 있는 독이 되는 사람들은 남들처럼 말하고 행동할 것이다. 종교 집단에서 볼 수 있는 가해자는 표준화된 이미지에 들어맞지 않는다. 성격장애를 가진 사람을 알아보는 일반적인 방법이 통하지 않는 것이다. 독이 되는 사람이 자신의 학대 행동을 감추기 위해 연출해내는 다양한 모습을 알아두어야 한다.

나르시시스트나 소시오패스, 사이코패스가 교회 커뮤니티에 숨어 있기 쉬운 이유는 무엇이라고 생각하는가? (이들은 직원이거나 신도일 수도 있다)

심리적으로 학대하는 사람들을 더 빨리 알아내고 확실한 경계를 세워 신도들을 보

호하려면 교회 문화가 어떻게 달라져야 할까? _____

_____

_____

_____

_____

종교가 있는 여성은 종교가 있는 남성보다 더 강도 높은 심리적 학대를 경험한다고

생각하는가? 구체적인 근거를 들어 답변해보자. _____

_____

_____

_____

_____

나르시시스트, 소시오패스, 사이코패스는 자신의 의지를 그 누구에게도 굽히지 않는 사람들이다. 이들이 신과 진실된 관계를 맺는 게 가능하다고 생각하는가? 독이 되는 사람이 신의 가르침을 찾고 삶에서 신의 긍정적인 영향을 받을 수 있을까?

_____

_____

_____

_____

_____

_____

독이 되는 직장

나르시시스트, 소시오패스, 사이코패스도 돈을 벌어야 한다. 어디서 돈을 벌까? 이런 사람들도 회사 직원, 동료, 매니저, 중견 관리자로 일한다. 직장에서 독이 되는 사람은 아주 교묘한 방법으로 생존자의 성공을 방해한다. 업무 수행에 필요한 정보를 다 주지 않고는 일 처리가 제대로 안 되었다며 생존자를 당혹스럽게 한다. 학대가 은밀하지 않고 매우 공격적일 때도 있다. 다시 말하지만 심리적 학대의 가해자는 다양한 방법으로 혼란을 야기한다. 폭언을 하거나 공개적으로 망신을 주거나 심지어 신체적 접촉을 통해 군림하려 들기도 한다.

직장에서 학대를 당했는가? 그렇다면 어떤 일이 있었는지 적어보자. 회사에서 심리적으로 학대당한 경험이 없다면, 이런 유형의 학대를 받을 때 경계를 세우기가 왜 어려운지 생각해보자. _____

_____

_____

_____

_____

당신이 학대당하고 있거나 과거에 학대당했음을 다른 사람들이 알고 있는가? 그렇다면 그 사람들이 당신을 어떻게 도와주었는가? 혹시 모른 척하진 않던가? 아무도 그 사실을 모르고 있다면 누구에게도 말하지 못하는 이유는 무엇인가? _____

_____

_____

_____

_____

_____

_____

직장에서 심리적으로 학대받을 때 어떤 대처 기술이 도움이 되었는가?

_____

_____

_____

언제
심리적 학대가
일어나는가

가해자는 자신에게 없거나 자신이 가질 수 없는 것을 가진 사람을 표적으로 삼는다. 나르시시스트, 소시오패스, 사이코패스는 자신의 자부심을 높여주는 사람을 목표물로 삼기로 악명이 높다. 목표물의 외모나 나이, 지적 수준, 평판, 종교적 신념, 직업적인 성공, 가족, 친구들 등등. 그 밖에 다른 면모를 볼 수도 있다.

표적이 여기에 말려들면 독이 되는 인간은 애초에 자신이 생존자에게 끌렸던 바로 그 면모를 산산조각 내기 시작한다. 건강하고 행복한 사람을 파괴하는 것이 가해자의 힘과 즐거움의 원천이다. 생존자는 이런 점을 보지 못할 때가 많다. 학대받는 동안 생존자는 자신이 제구실을 못하는 사람이라고 생각하기 때문이다. 가해자가 그렇게도 혐오스러운 말을 해대니 생존자는 자신이 '약해서' 표적이 된 거라 짐작한다. 진실은 이와 완전 반대다. 가해자는 자신에게 아무 가치가 없는 사람은 거들떠보지도 않는다. 애초에 더 큰 '상품'을 찾는다. 심리적 학대를 가하는 사람은 자신을 돋보이게 하거나 기분 좋게 해주는 사람들을 좋아한다. 꼭 거머리처럼 자신에게 자양물을 주는 사람에게 달라붙는 것이다. 충분히 먹고 나면 가해자는 자신에게 질투심을 불러일으키는 생존자의 면모를 파괴하기 시작한다. 독이 되는 사람은 긍정적인 속성을 가질 수 없으므로 생존자가 좋은 면을 갖는 것도 원하지 않는 것이다.

나르시시스트, 소시오패스, 사이코패스는 당신의 어떤 면모에 끌린 것일까?

_____

_____

_____

_____

가해자가 언제부터 당신의 자존감을 무너뜨리기 시작했는지 구체적으로 적어보자. _____

_____

_____

_____

가해자와의 관계 변화에 당신은 어떻게 반응했는가? _____

_____

_____

_____

_____

당신의 성공이나 외모, 경제적인 안정, 그 밖의 긍정적인 측면에 대해 남들이 질투

한다는 것을 알아차린 적이 있는가? 그렇다면 상대가 질투하는 핵심은 무엇이었

나? _____

_____

_____

_____

사람들이 당신을 질투한다는 것을 깨닫게 된 계기는 무엇인가?

_____

_____

_____

_____

어떻게 심리적으로
학대를 하는가

    독이 되는 사람들은 연기력이 뛰어나다. 무슨 수를 써서라도 관계의 통제력을 유지하려 한다. 자신이 피해자인 것처럼 보이기 위해 눈물을 이용하기도 한다. 달라진 것처럼 보일 필요가 있을 땐 겉으로 드러나는 감정을 이용하기도 하는데, 이는 생존자를 조종해서 자신이 벌이는 게임 속으로 다시 끌어들이려는 수작이다. 남을 이용하는 자들은 온갖 감정 연기로 주변 사람들을 조종하려 한다. 눈물뿐만 아니라 죄책감을 이용하기도 한다. 가해자가 이렇게 나오면 생존자는 경계를 세우는 것이 잘못이라고 느끼게 된다. 독이 되는 사람은 화를 폭발해 사람들에게 겁을 주어 순응하게 할 수도 있다. 행복을 과장함으로써 생존자가 버려지고 잊혀진 듯한 느낌이 들게 하기도 한다. 중요한 점은 가해자가 보이는 감정에는 분명한 목적이 있다는 것이다. 어떤 식으로든 남들에게 해를 가하려는 것이다.

이들의 행동은 신뢰할 수 없으며 액면 그대로 받아들일 수도 없다. 심리적 학대의 가해자가 연기력을 마스터한 데에는 그만한 이유가 있다.

심리적인 학대는 한 번으로 끝나지 않는다. 나는 생존자가 학대를 겪는 과정을 '조약돌을 모으는' 것에 비유하곤 한다. 조약돌 하나가 가해자와의 부정적인 만남 한 번을 의미한다.

가해자가 당신을 조종하려고 눈물을 이용한 적이 있는가? 없다면, 가해자가 원하는 걸 얻기 위해 자주 이용한 감정은 무엇인가? _____

_____

_____

_____

_____

_____

지금 생각해볼 때 가해자가 보인 첫 번째 위험신호는 무엇이었는가?

_____

_____

_____

_____

가해자와 어떤 부정적인 일이 있었는가? _____

왜 심리적
학대를 할까

나는 성격장애와 심리적 학대 회복을 주제로 하는 글과 방송을 많이 접한다. 성격장애에 대해 다양한 의견이 제시되고 있다. 어떤 이들은 성격장애를 정상적인 인간의 성격적인 결함으로 보아야 한다고 주장한다. 의견 일치가 가장 힘든 애매한 영역이 나르시시즘인 것 같다. 소시오패스와 사이코패스의 공통점은 공감 능력이 극도로 부족하다는 점이다. 할리우드에서 성격장애가 있는 사람들을 소재로 다루기도 했다. 제대로 성격장애를 표현한 캐릭터도 있고, 단순히 흥미 위주의 영화나 방송을 만들기 위해 만들어진 캐릭터도 있다.

성격장애가 있는 사람들은 '정신질환'이 있다고 생각하는가? _____

_____

_____

성격장애는 어떻게 형성된다고 생각하는가? 나르시시스트, 소시오패스, 사이코패스는 애초에 그런 사람으로 태어난다고 보는가?

애착 형성이 성격장애에 어떤 영향을 미친다고 생각하는가?

나르시시스트, 소시오패스, 사이코패스는 자신이 다른 사람들을 학대한다는 걸 알고 있을까?

나르시시스트, 소시오패스, 사이코패스가 긍정적으로 변할 수 있을까?

학대당하는 사람들의 공통점

앞에서 심리적 학대에 대해 살펴보았다. 여기서 잠시 학대 생존자들에게서 발견한 점을 이야기하고 싶다. 보이지 않는 학대의 표적이 되는 이들에게는 몇 가지 공통적인 성격적 특성이 있는 것 같다. 긍정적인 부분도 있고 관리해야 할 부분도 분명 있다.

자신이 생각하기에 당신은 적응력이 뛰어나고 유연한 사람인가? _____

_____

_____

_____

_____

당신의 '망가진 부분'이 학대의 가해자를 끌어들였다고 생각하는가? 그렇다면 가

해자가 이용한 당신 내면의 상처는 무엇이었나? _____

_____

_____

_____

_____

당신이 생각하는 공동의존의 정의는 무엇인가? _____

_____

_____

_____

자신에게 공동의존 성향이 있다고 생각하는가? 그렇다면 심리적인 학대에서 회복

하는 데에 그런 성향이 어떤 영향을 주었는가? _____

_____

_____

_____

_____

민감인은 어떤 사람이라고 생각하는가? _____

_____

_____

_____

당신은 공감 능력이 뛰어난 사람인가? 그렇다면 가해자는 당신의 공감 능력을 어떻게 악용했는가? _____

_____

_____

_____

_____

정말 인내심이 강한 사람도 독이 되는 환경에 있으면 좋지 않은 행동이 나오게 된다. 생존자는 자신의 평소 성격과 다르게 행동하게 된다. 이런 변화는 환경이 건강하지 못하다는 위험신호일 수 있다. 안타깝게도 생존자의 행동이 달라지면 가해자가 퍼뜨리는 험담이 더욱 힘을 얻는다.

당신이 가해자를 대한 행동을 생각해볼 때 되돌리고 싶은 순간은 언제인가?

_____

_____

_____

_____

자신에게 어울리지 않는 행동을 한 것에 대해 스스로를 어떻게 용서할 수 있었는

가? _____

_____

_____

_____

_____

'스포트라이트'가 당신에게 옮겨오지 않고 가해자에게 계속 쏟아지도록 하는 데에

어떤 생각과 행동이 도움이 되었는가? _____

_____

_____

_____

_____

1단계 절망

많은 생존자들이 심리적 학대에서 회복하기 위해 처음 상담을 시작할 때 자신이 학대당했다는 것조차 알지 못한다. 삶을 감당할 수 없어서 해답을 찾으려 이것저것 시도한다. 가해자가 자신에게 한 짓이 무엇인지 완전히 이해하지 못하는 경우도 있다. 상담 초기에 생존자들은 대부분 감정적인 혼란 속에 있고 불안해하며 우울하거나 자살 성향이 있다. 이런 증세가 모두 나타나거나 또 다른 모습을 보일 때도 있다. 상담의 시작은 이들의 안전을 도모하는 것이다. 내담자가 자해하지 않도록 해야 한다. 이 점이 확실해지면 생존자가 느끼는 절망에 대해 알아보는 작업을 시작한다. 회복의 첫 단계에서는 두려울 수도 있다. 다행히도 몇 단계를 거치면 희망이 보이기 시작한다.

학대받는 동안 자해하고 싶은 적이 있었는가? (지금 자해하고 싶다고 느낀다면 즉시 119에 전화하거나 가까운 응급실로 가기 바란다.) 그런 적이 있었다면, 그때 스스로를 해하지 않도록 해준 것은 무엇인가? _____

_____

_____

_____

_____

_____

_____

절망 단계에서 힘든 순간을 통과하는 데 도움이 된 대처 기술이나 활동은 무엇인가? _____

_____

_____

_____

_____

_____

심리적인 학대를 당한 게 자신의 탓이라고 생각한 적이 있는가? _____

_____

_____

_____

'더 이상은 못하겠다'는 순간이 언제였는가? 가해자와의 관계에서 아직 이 지점에

도달하지 않았다면, 그 관계를 변화시킬 준비가 되었다고 느끼기 위해 필요한 것은

무엇인가? _____

_____

_____

_____

_____

_____

2단계 교육

심리적 학대는 정말 은밀해서 제대로 이해하기 어렵다. 가해자는 학대를 감추고 통제력을 확고히 유지하려고 교묘한 전술을 구사한다. 피해자가 자신에게 일어난 일을 설명할 수 없다면 회복 과정을 시작할 수 없다. 가해자들이 공통적으로 쓰는 수법을 배우는 것이 회복의 2단계다. 회복 과정이 처음이라면 아래 용어가 무슨 뜻인지 알아두어야 한다.

- 가스라이팅
- 인신공격
- 플라잉 멍키
- 자기애적 공격
- 간헐적 강화

• 심리조종 3단계(이상화, 평가절하, 버리기)

다른 용어도 있지만 2단계에서는 우선 위의 용어부터 알아보기로 하자.

당신이 생각하는 가스라이팅은 무엇인가? _____

_____

_____

_____

가해자의 가스라이팅을 경험한 적이 있다면 구체적인 예를 들어보자.

_____

_____

_____

_____

_____

가스라이팅이 생존자에게 위험한 이유는 무엇인가? _____

_____

_____

_____

_____

인신공격이 무엇이라고 생각하는가? _____

_____

_____

_____

_____

가해자의 인신공격을 경험했다면 구체적인 예를 들어보자.

_____

_____

_____

인신공격의 대상이 되는 것이 정서적으로 고통스러운 이유는 무엇일까?

_____

_____

_____

_____

_____

플라잉 멍키란 무엇일까? _____

_____

_____

_____

심리적으로 학대하는 사람과의 관계에서 플라잉 멍키를 경험했다면 구체적인 예를 들어보자. _____

_____

_____

_____

_____

플라잉 멍키를 경험할 때 어떤 측면이 가장 좌절감을 주었는가?

_____

_____

_____

_____

자기애적 공격(독이 되는 사람의 공격)이 무엇이라고 생각하는가?

_____

_____

_____

_____

심리적으로 학대하는 사람이 자기애적 공격을 한 적이 있다면 구체적인 예를 들어보자. _____

_____

독이 되는 사람은 왜 쉽게 화를 낼까? _____

_____

_____

_____

간헐적 강화란 무엇인가? _____

_____

_____

_____

_____

심리적인 학대를 겪으면서 가해자가 간헐적 강화를 한 적이 있다면 구체적인 예를

들어보자. _____

_____

_____

_____

_____

간헐적 강화는 왜 그렇게 고통스러운 걸까? _____

이상화 단계란 무엇인가? _____

_____

_____

_____

_____

심리적 학대에서 이상화 단계를 경험했다면 구체적인 예를 들어보자.

_____

_____

_____

_____

_____

이상화 단계에서 가장 그리운 것은 무엇인가? _____

_____

_____

_____

평가절하 단계란 무엇인가? _____

_____

_____

_____

_____

심리적 학대에서 평가절하 단계를 경험했다면 구체적인 예를 들어보자.

_____

_____

_____

_____

인간관계에서 평가절하 단계가 시작된 순간이나 시기를 기억하는가?

_____

_____

_____

_____

버리기 단계란 무엇인가? _____

_____

심리적 학대에서 버리기 단계를 경험했다면 구체적인 예를 들어보자.

_____

_____

_____

_____

버리기 단계는 어떤 모습이었는가? 강압을 견디지 못해 당신이 가해자를 떠났는

가? 아니면 가해자가 당신을 버렸는가? 감정적인 거리 두기를 하고 있다면 관계에

변화가 필요하다는 걸 알게 된 순간은 언제인가? _____

_____

_____

_____

_____

보이지 않는 학대를 이해하는 데 도움이 된 다른 용어가 있는가? _____

_____

_____

_____

_____

_____

_____

3단계 깨어남

생존자가 심리적으로 학대를 당하고 이에 절망할 때(1단계), 그 후 가해자가 타인에게 해를 입히는 구체적인 방법에 대해 알게 될 때(2단계), 생존자는 깨어난다(3단계). '아하' 하는 깨달음의 순간을 자주 경험하는 시기다. 생존자는 자신이 겪은 일을 묘사할 수 있고, 새로운 용어를 배웠으며, 그러는 동안 더 이상 학대 속에 고립되었다고 느끼지 않게 된다. 이 단계에서 생존자는 회복에 대한 자신감을 갖기 시작할 것이다. 하지만 좋은 날이 있으면 나쁜 날도 있다. 절망의 단계로 후퇴했다가 다시 깨어남의 단계로 오는 일이 흔히 있다. 이는 정상이며 심리적인 학대에서 벗어나 치유되는 과정의 일부다.

회복 과정에서 어떤 깨달음의 순간이 있었는가? _____

＿＿

＿＿

＿＿

생존자들은 '사람들이 어떻게 나를 이렇게 취급할 수가 있지?'라는 말을 자주 하곤 한다. 깨어남 단계에서 당신이 자주 반복한 말은 무엇인가? ＿＿＿＿＿＿＿＿＿

＿＿

＿＿

＿＿

깨어남의 단계가 희망적인가? 슬픈가? 아니면 둘 다인가? ＿＿＿＿＿＿＿＿＿

＿＿

＿＿

＿＿

다른 생존자들을 만나본 적이 있는가? 아니면 심리적인 학대의 생존자로 고립된 느낌인가? ＿＿＿＿＿＿＿＿＿＿＿＿＿＿＿＿＿＿＿＿＿＿＿＿＿＿＿＿＿＿＿＿＿＿

＿＿

＿＿

＿＿

4단계 경계 설정

생존자가 절망을 경험하고(1단계), 심리적 학대가 무엇인지를 구체적으로 알게 되고(2단계), 회복이 가능하다는 걸 깨달은 후(3단계), 그다음 단계는 경계를 세우는 것이다. 생존자가 가해자와 연락을 하지 않거나 감정적인 거리 두기를 시작하는 시기다. 이 단계에서 중요한 부분은 생존자가 독이 되는 관계에서 독소를 제거할 수 있을 만큼의 감정적인 거리를 두고, 회복된 삶을 기대하기 시작한다는 점이다. 경계 세우기는 각자 개인이 주도해야 하며 생존자가 완수할 수 있는 방식으로 이행해야 한다. 건강한 한계를 설정하는 것이 관계를 끝내는 걸 의미할 수도 있다. 생존자가 가해자에게 한계 설정하기를 포기하기도 한다. 이 단계에서 진전이 없는 경우가 드물지 않다.

현재 심리 상담을 받고 있는가? 심리적인 학대를 '이해하는' 상담사를 찾아볼 의향이 있는가? 없다면, 그 이유는 무엇인가? _____

_____

_____

_____

_____

감정적인 거리 두기나 연락 끊기를 하고 있는가? 가해자가 한 명이 아니라면 이 두 가지 방법을 모두 쓰고 있는가? _____

_____

_____

_____

_____

경계를 세우고 유지하기가 가장 힘들었던 때는 언제인가? 그렇게 어려웠던 이유는 무엇인가? _____

_____

_____

_____

_____

경계를 설정하는 것에 대해 생각해볼 때 당신을 가로막는 내면의 목소리는 무엇인가?

_____

_____

_____

_____

예: 나는 혼자 남겨질 것이다.

　이 직업이 내 목표를 달성하는 유일한 길이다.

　이 교회는 그분의 의지를 행하기 위해 신이 선택된 유일한 교회다.

　친구들은 생겼다가 없어지기도 하지만 가족들은 항상 곁에 있다.

'균형 잡힌 삶'에 대해 글쓰기 연습을 했을 때 어떤 점이 흥미로웠는가?

_____

_____

_____

_____

경계 세우기를 생각할 때 자신이 지나치게 민감하거나 과잉 반응하는 것처럼 느껴져 괴로웠던 적이 있는가? _____

_____

_____

감정적인 거리 두기란 말 그대로 가해자와 감정적으로 거리를 두
는 것인데, 이는 단순히 가해자와 접촉하는 시간을 제한하는 것 이
상의 의미다. 생존자의 마음 자세에 관한 것이다. 가해자와 생존자
가 여전히 상호작용을 하지만 학대라는 것을 알기 전과는 완전히
다른 색채를 띤다. 감정적인 거리 두기는 생존자의 감정적인 상태
에 초점을 둔다.

당신이 생각하는 감정적인 거리 두기란 무엇인가? ＿＿＿＿＿＿＿＿

＿＿＿＿＿＿＿＿＿＿＿＿＿＿＿＿＿＿＿＿＿＿＿＿＿＿＿＿＿＿＿＿

＿＿＿＿＿＿＿＿＿＿＿＿＿＿＿＿＿＿＿＿＿＿＿＿＿＿＿＿＿＿＿＿

＿＿＿＿＿＿＿＿＿＿＿＿＿＿＿＿＿＿＿＿＿＿＿＿＿＿＿＿＿＿＿＿

＿＿＿＿＿＿＿＿＿＿＿＿＿＿＿＿＿＿＿＿＿＿＿＿＿＿＿＿＿＿＿＿

감정적인 거리 두기가 생존자에게 최선의 선택이거나 유일한 방법일 때는 언제일
까? ＿＿＿＿＿＿＿＿＿＿＿＿＿＿＿＿＿＿＿＿＿＿＿＿＿＿＿＿

＿＿＿＿＿＿＿＿＿＿＿＿＿＿＿＿＿＿＿＿＿＿＿＿＿＿＿＿＿＿＿＿

＿＿＿＿＿＿＿＿＿＿＿＿＿＿＿＿＿＿＿＿＿＿＿＿＿＿＿＿＿＿＿＿

＿＿＿＿＿＿＿＿＿＿＿＿＿＿＿＿＿＿＿＿＿＿＿＿＿＿＿＿＿＿＿＿

＿＿＿＿＿＿＿＿＿＿＿＿＿＿＿＿＿＿＿＿＿＿＿＿＿＿＿＿＿＿＿＿

가해자와 감정적인 거리 두기를 유지하는 데 가장 큰 어려움은 무엇인가?

_____

_____

_____

_____

생존자가 진정으로 회복된 삶을 살면서 독이 되는 사람과 여전히 연락하는 게 가능

하다고 생각하는가? _____

_____

_____

_____

　이제 심리적으로 학대하는 사람과 관계를 끊는 것이 생존자를 위한 최선의 방법인 시점에 도달했다. 이 과정도 어려운 점이 있지만 해를 입는 상황이 없어지고 여파가 잦아들면 연락을 끊는 것이 새로운 삶을 사는 가장 확실한 방법이다.

당신이 생각하는 연락 끊기란 어떤 것인가? _____

_____

_____

_____

연락 끊기가 생존자에게 최선의 선택이거나 유일한 방법일 때는 언제인가?

_____

_____

_____

_____

가해자와 연락 끊기를 지속하는 데 가장 큰 어려움은 무엇인가?

_____

_____

_____

_____

가해자와 연락 끊기를 할 때 기억해야 할 점은 무엇인가? _____

_____

_____

_____

_____

감정적인 거리 두기와 연락 끊기 중 가장 수준 높은 대처 기술과 회복에 대한 지식
이 필요한 방법은 어느 것일까? 그렇게 생각하는 이유는 무엇인가?

_____

_____

5단계 복구

　심리적 학대의 생존자가 절망을 경험하고(1단계), 심리적 학대의
구체적인 내용을 배우고(2단계), 회복이 가능하다는 걸 깨닫고(3단
계), 경계를 세우고 나면(4단계), 다음은 복구 단계다. 물질적인 측
면, 삶의 사건들, 경제적인 안정, 신체 건강, 정신 건강, 그 외에도
생존자가 학대받는 동안 도둑맞은 손실에 대한 복구를 말한다. 이
단계는 생존자가 회복을 위해 그동안 기울인 노력이 가시적으로 열
매를 맺기 시작하면서 생존자에게 힘을 북돋아주는 단계다. 복구는
생존자가 생각하는 것보다 오래 걸릴 수 있으니 회복 과정에 인내
심을 갖는 것이 좋다. 인내심이 없으면 쉽게 낙담할 수 있다.

　생존자가 이 단계에 도달했음을 알려주는 중요한 신호가 있다.
자유 시간을 치유에 대한 공부와 연관 없는 일을 하면서 보내고 싶
어 하는 것이다. 생존자들은 이 단계에 들어서면서 그동안 알게 된

새로운 지식으로 인해 포화 상태에 이르렀다고 말한다. 이때 생존자는 나르시시스트, 소시오패스, 사이코패스에 대한 자료를 읽고 싶지 않다고 말한다. 생존자가 치유를 위해 만난 사람들이나 그간의 경험을 거부하는 것은 아니다. 이것은 정상적인 생활로 돌아가고 있다는 긍정적인 신호다. 어쩌면 이런 일이 처음일지도 모른다. 어린 시절에 학대를 받은 경우라면 말이다. 이 단계에서 생존자는 새로운 취미를 가지려 하고 자신의 삶을 윤택하게 하는 일에 끌린다. 이는 바람직한 현상이며 새로운 모험의 촉매제가 될 수 있다.

복구 단계에 왔다는 걸 어떻게 알 수 있을까? _____

_____

_____

_____

_____

휴가나 명절, 혹은 기념일을 가해자가 망쳐놓은 적이 있다면 한 가지 예를 들어보자. _____

_____

_____

_____

_____

다음 휴가나 명절, 기념일을 즐기기 위해 당신이 할 수 있는 일은 무엇일까?

_____

_____

_____

_____

가해자가 어떤 경제적 문제를 일으켰는가? 매우 엄격한 지출 규정을 만들었는가?

아니면 지출을 과도하게 했는가? _____

_____

_____

_____

_____

재정적인 학대에서 벗어나기 위해 당신이 할 수 있는 일은 무엇인가?

_____

_____

_____

_____

보이지 않는 학대가 당신의 신체적인 건강에 어떤 영향을 미쳤는가?

_____

_____

당신의 몸을 치유하기 위해서 할 수 있는 것은 무엇인가? _____

_____

_____

_____

_____

심리적인 학대가 당신의 정서적인 건강에 어떤 영향을 주었는가?

_____

_____

_____

정서적으로 건강을 되찾고 있다는 것을 어떻게 알아차릴 수 있을까?

_____

_____

_____

_____

학대받는 동안 망가지거나 빼앗긴 소중한 물건이 있는가? _____

_____

_____

_____

_____

그 물건을 대신할 수 있는 게 없을지도 모른다. 망가진 물건을 복구하기 위해 당신

이 할 수 있는 일은 무엇인가? (예: 아끼는 그림이 훼손되었다면 마음에 드는 다른

미술품을 찾아 구입하라.) _____

_____

_____

_____

_____

_____

6단계 유지

    심리적 학대의 생존자가 절망을 경험하고(1단계), 심리적 학대의 구체적인 내용을 배우고(2단계), 회복이 가능하다는 걸 깨닫고(3단계), 경계를 세우고 나면(4단계), 학대받는 동안 잃어버린 것을 복구하고(5단계), 마지막으로 유지 단계에 도달한다. 마지막 6단계에서 생존자는 종종 이전 단계로 돌아가 더 깊은 차원의 치유를 경험한다. 유지 단계에서 생존자는 건강한 인간관계를 경험하고 독이 되는 사람들을 전보다 빨리 알아낼 수 있게 된다. 유지란 생존자가 학대로부터 자신을 안전하게 지킬 수 있는 기술과 자신감을 갖고 회복된 삶을 충만하게 살아가는 것을 뜻한다.

    드디어 마지막 단계에 도달했다! 여기까지 왔으니 이제 더 이상 외상 후 스트레스 장애에 시달리지 않고, 가해자 생각도 전혀 하지 않으며, 환희에 차 노래를 부르면서 다닐 것 같은가? 그렇지 않다.

그래도 산 정상에 왔으니 이제 고삐를 늦추고 경치를 즐기기 바란다. 이곳은 공기도 더 맑고 당신의 감각도 깨어 있다. 이 시점에서는 정돈된 삶을 살기 위해 혼신의 노력을 다해야 한다. 지금까지 거쳐온 치유 여정이 있고 평화를 찾기 위해 싸웠으니 절망의 구덩이로 다시 들어갈 가능성은 낮다. 이런 말이 있다. '행복해지는 법을 안다면 나를 불행하게 만드는 사람과 함께 있는 걸 용납하지 않을 것이다.' 이 말이 진실이다.

유지 단계에 오기까지의 과정이 예상했던 것과 어떻게 다른가? _____

_____

_____

_____

지금까지 회복 여정에서 가장 힘든 점은 무엇이었는가? _____

_____

_____

_____

상대에게서 위험 신호를 발견하고 재빨리 경계를 세운 적이 있는가?

_____

_____

_____

그 사람은 당신을 사랑하지 않는다

지금까지 회복 여정에서 가장 좋았던 점은 무엇인가? _____

_____

_____

치유 여정을 막 시작하는 생존자에게 어떤 조언을 해주고 싶은가?

_____

_____

_____

이렇게 대단한 성장을 이룬 자신에게 어떤 보상을 해주고 싶은가?

_____

_____

_____

　　당신과 연락할 수 있다는 것은 선물과도 같다. 당신에게 전화하고, 문자를 보내고, 이메일을 보내고, 만나고, 집에 놀러올 수 있다는 것은 대단한 혜택이다. 당신 삶의 일부를 공유하는 혜택은 쉽게 주어지는 게 아니라 획득하는 것이다. 최소한 이렇게 생각하고 삶을 누구와 나눌지를 선택하라.

정서적으로 건강하며 당신과 접촉할 권리를 획득한 사람들은 누구인가?

_____

_____

_____

_____

당신에게 접근할 수 없는 사람들은 누구인가? _____

_____

_____

_____

　이야기를 마무리하면서 혼자 글을 써보는 연습을 하면 좋겠다. '나에게 질 높은 삶이란 무엇인가?' 이 질문을 스스로에게 해보기 바란다. 다른 사람들의 눈을 의식하거나 남들과 비교한다는 의미가 아니다. 이는 지극히 개인적인 질문이다. 과거의 경험을 질적으로 보완해주는 삶에 대해 이야기하는 사람들이 꽤 있다.

나에게 질 높은 삶이란? _____

_____

_____

_____

성찰 노트 작성에 시간을 할애해주어서 고맙다. 고요함 속에서 성찰하는 시간을 보낼 때 우리는 자신에 대해 더 많은 것을 알게 된다.

그 사람은 당신을 사랑하지 않는다

초판 1쇄 인쇄 2019년 6월 10일
초판 1쇄 발행 2019년 6월 17일

지은이   샤논 토마스
옮긴이   송지은
펴낸이   문채원

펴낸곳   도서출판 사우
출판 등록 2014-000017호
주소   서울시 양천구 목동동로 50, 1223-508
전화   02-2642-6420
팩스   0504-156-6085
이메일   sawoopub@gmail.com

ISBN 979-11-87332-37-4

이 도서의 국립중앙도서관 출판예정도서목록(CIP)은 서지정보유통지원시스템 홈페이지
(http://seoji.nl.go.kr)와 국가자료종합목록 구축시스템(http://kolis-net.nl.go.kr)에서
이용하실 수 있습니다. (CIP제어번호 : CIP2019020885)